「歴史の終わり」の後で

Francis Fukuyama, After the End of History

フランシス・フクヤマ

Mathilde Fasting

マチルデ・ファスティング＝編

山田 文＝訳

中央公論新社

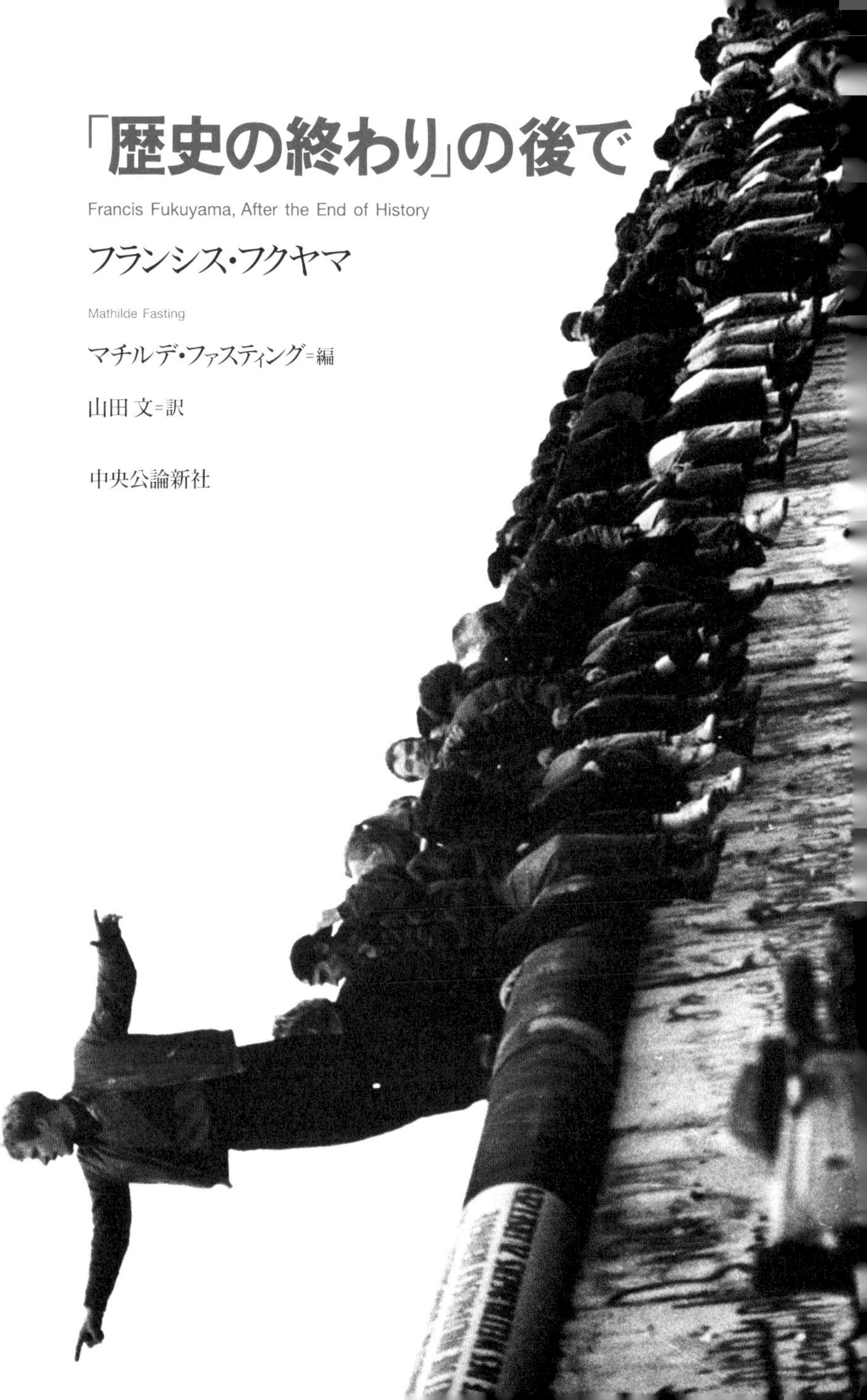

After the End of History: Conversations With Francis Fukuyama

Edited by Mathilde Fasting with Francis Fukuyama

Japanese translation rights arranged with Georgetown University Press
through Japan UNI Agency, Inc., Tokyo

目次

装　丁　間村俊一
本文組　山田信也

編者まえがき

　ベルリンの壁崩壊から三〇年以上を経た二〇二一年に、民主主義とその根底にある価値観を擁護しなければならなくなるとは思っていなかった。第二次世界大戦後は、ヴェトナム戦争や一九九〇年代のバルカン紛争など多くの戦争があったとはいえ、おおむね平和と繁栄を特徴とし、グローバリゼーションによって多くの人が貧困を脱出した時代だった。こうした展開をふまえると、国際政治がふたたび景気後退、軍備拡張、社会不安、恐怖に支配されるとは想像しがたかった。しかしこの数年で戦後の楽観論は覆された。今後の展開を不安視する理由があるのか否か、現在の権威主義的な傾向とナショナリスト的な保護貿易主義が束の間の現象として終わるのか否かは、わたしたち民主主義諸国の強さにかかっている。民主主義諸国はいま直面している課題にうまく対処できるのか。できないのなら、民主主義諸国をより回復力ある（レジリエント）ものにするにはどうすればいいのか。確実だと思われることがひとつある。複雑な対応が要求され、多くの場合国際的に協調した対処が求められる政治課題が世界で数を増すなか、最も必要ないのはナショナリスト的な保護貿易主義と弱い民主主義国だということだ。

　こうした問題と現在格闘している思想家のひとりが、政治学者のフランシス・フクヤマである。フクヤマは、ベルリンの壁崩壊後の自由民主主義の勝利が「歴史の終わり」だと宣言した人物としてよく知られている。二〇一九年はエッセイ「歴史の終わり？」（"The End of History?"）が小規模ジャーナル『ナショナル・インタレスト』に掲載されて三〇年目にあたった。論文発表から数年を経た一九九二年に書籍『歴史の終わり』が刊行されたことで、フクヤマの名声は確たるものになる。「歴史の終わり」ということばは、おそらく永遠に彼の名と結びつけられるだろう。

フクヤマほど影響力があり多作な知識人はめずらしい。フクヤマ自身に歴史の終わりはない。三〇年以上執筆活動をつづけ、政治秩序の働き、その危険と課題、うまく機能する国家にとっての制度の重要性、といったテーマについて深い見識を示してきた。人類の協力についての主流とは異なるアプローチが彼の頭のなかで徐々に発展していき、それは二〇一一年の『政治の起源——人類以前からフランス革命まで』に最終的な表現の場を見出す。この生物学的＝人間学的なアプローチは古典的な自由主義理論と袂を分かつものであり、一部の現代民主主義国の問題と衰退に光を当ててそれをうまく説明する。

フクヤマは長年、とりわけ二〇〇八年の金融危機以降、欧米における政治の展開の問題点を注視してきた。『政治の衰退——フランス革命から民主主義の未来へ』（二〇一四年）では、自由民主主義の働きを脅かしている条件がいくつかあると指摘する。『IDENTITY——尊厳の欲求と憤りの政治』（二〇一八年）では、アメリカおよび広く西洋全般で現在見られるポピュリスト運動の盛り上がりと権威主義的な指導者たちに深い懸念を示す。これまでのフクヤマの仕事は、ポピュリスト指導者、民主主義を支えるものについての理解不足、技術の急速な変化、といった現在の問題について、何に取り組むべきかを明らかにしている。また、危機に見舞われたときには、うまく機能する政府の存在が重要だと強く主張している。

本書のアイデアは、ほぼ一〇年前に生まれた。わたしが初めてフクヤマに出会ったのは、『政治の起源』を通じてのことである。興味をひかれたのは、自由民主主義の歴史的ルーツについての彼の説明だった。ノルウェー人であるわたしは、なぜアメリカ人の政治思想家が北欧、とりわけデンマークに強い関心を示すのか不思議に思った。これらの国の歴史のどこにフクヤマは政治秩序の理想を見出したのだろう？　その三年後に『政治の衰退』を読んだときには、自由民主主義諸国の権力と制度のバランスがいかに危ういのかを知って衝撃を受けた。

当初わたしが考えたのは、ノルウェーの読者に向けてフクヤマの思想を説明し、ノルウェー社会が直面しているさまざまな課題と彼の考えを具体的に結びつけることだった。しかし二〇一八年にフクヤマと会って話をしたあと、三〇年を超える仕事の幅と多様性を強調しながら彼の重要な見識を伝えるには、対話形式がいちばんではないかというアイデアが浮かんだ。フクヤマの思想において鍵となる要素のひとつはプラトンの対話篇に見出されるので、フクヤマの数多くの豊かな著書と論文を検討するには、対話形式がとりわけふさわしいように思える。この対話を通じて、フクヤマが遠くにいる知的な政治思想家としてではなく、目の前にいる話し相手として読者に感じられたらうれしい。

二〇一八年にオスロで初めてフクヤマと会ったあと、わたしは『IDENTITY』の草稿を読む機会に恵まれた。それによって、『歴史の終わり』で最初に登場した〝承認〟の概念を彼が一貫して追究してきたことがわかった。その一年後の二〇一九年三月、数日にわたってフクヤマと会い、彼の思想についてさらに詳しく話を聞いた。スタンフォードの彼の研究室で蔵書に囲まれてインタビューをしたのである。

二〇二〇年二月にオスロでふたたび三日にわたって会った。そのときには、『ＩＤＥＮＴＩＴＹ』刊行後の数多くの講演や議論、および二〇一九年十一月のベルリンの壁崩壊三〇周年記念祝典でフクヤマが語ったことについて詳しく話を聞く機会を得た。本書に収めたインタビューは、わかりやすさを確保し重複を避けるために手を加えている。

1

「歴史の終わり」の後に何が起こったのか

現在、政治のコンテクストには多くの暗雲が立ちこめている。問題は、雨が降ったときに自由民主主義諸国がそれに対処できるか否かだ。二〇一六年のドナルド・トランプの大統領選出、イギリスのEU離脱、ヨーロッパでのポピュリズムの盛り上がりによって、未来はさらに不安定で不確実になり、中国の台頭によって世界の勢力バランスが変化している。これは自由民主主義諸国にどのような影響を与えるのだろうか。

自由民主主義は当然視されている

過去五〇年間、わたしたち欧米の人間は自由民主主義をおおむね当然のものと見なしてきました。

歴史の終わり後、何が起こったのでしょう。いまこんな話をする必要があるのはなぜですか?

おっしゃる通りですね。アメリカではだれも脅威を感じてきませんでした。基本的な立憲制度が非常に長いあいだ機能してきたわけです。リチャード・ニクソンがそれに挑んで、その結果、ウォーターゲート事件につながって辞任に追いこまれましたが、ある意味では、立憲制度への脅威はドナルド・トランプによる脅威とは比べものにならないほど小さかった。ニクソンは自分の国の司法省やFBIを公然と攻撃しようとはしませんでした。たしかに告発された件については罪を認めなかった。それにいろいろと嘘もつきましたが、大統領に説明責任を果たさせようとする取り組み全体について、とんでもないでっち上げだとか詐欺だとか主張することはなかったわけです。トランプの場合はちがいますし、法律と憲法の制度を軽視するこの種の動きは、世界のあまりにも多くの場所に実際に広がっているように思います。トランプは既存の制度を攻撃するのが好きです。これは非常に危険な傾向だと思います。

『政治の起源』では次のように語っています。「近代自由民主主義では、国家は強力に法の執行をできるが、立法府の定める法によって縛られてもいる。それは奇跡的なことである。社会のさまざまな政治勢力の間におおまかに力の均衡が生じている結果としてそうなっている。どの政治勢力も優勢でないならば、譲歩が必要となる」[1]。自由民主主義国で暮らす人には、これがどういうことか感覚としてわかると思うのですが、もう一度確認しておくと役に立つのではないでしょうか。定義からはじめましょう。自由民主主義国とは何ですか？

そうですね、わたしの考えでは、自由民主主義国は三つの異なる制度からなっています。ひとつが近代国家です。つまり実際にサービスを提供できて、対内的にも対外的にも国を守ることができる国家ですね。ふたつ目の制度が法の支配です。国家の権力を制限して、コミュニティで合意されたルールにのっとって国家がもっぱら合法的に振る舞うようにする。三つ目の一連の制度が、民主的な説明責任（アカウンタビリティ）にかかわるもので、これによって国家が国民全体の関心を反映したものになるわけです。

ようするに自由民主主義国の重要なところは、権力を制限して市民を公平に扱う自由主義的な諸制度と、国民の意思を反映させる民主的な諸制度が組み合わさっていることです。このふたつは必ずしも足並みが揃っているわけではありません。バランスをとるのも非常にむずかしい。一方では、実際に物事を実行できる強力な国家がほしい——法を執行して犯罪者を逮捕したりといった具合です。しかし他方で、市民の権利を侵すほど強力であってほしくはない。つまり、なんらかのかたちで、制約を課すのと同時に国民が自分たちの生活を送れるようにする強力な国家が必要なわけです。このバランスが重要です。

フクヤマさんは近代国家の価値に強い関心を寄せています。なぜですか？

自由民主主義国は、サービス、国家の権力を制限する法の支配、民主的な説明責任のある制度を提供できる近代国家でもあるわけです。このなかでは民主主義がいちばん実現しやすい。選挙を実施して、国民が望んでいることを汲みとるのはむずかしくありません。近代的で非人格的な国家と法の支配を実現するのは、それよりずっとむずかしい。世界中で驚くほど広く見られるのが、特定の政治指導者を支持する人だけにサービスを提供する国家です。つまり国家が非人格的ではないわけですね。身内びいきがはびこっていて、ときにはグロテスクなまでの腐敗が見られる。場合によっては軍の集団や家族、その他の人びとに乗っ取られて、国家が単純に機能しなくなることもあります。国家は非人格的になるのではなく人格的になりつつある。非人格的にするのは、ほんとうにむずかしいことだと思います。近代国家は、支配者の友人であれ親族であれそれに類するものであれ、個人の扱いを変えません。この非人格性を実現できていない国がたくさんあるのです。『政治の起源』と『政治の衰退』でわたしが主張しようとしたのがこれです。実現がむずかしいのは、それがきわめて不自然だからです。友人や家族をひいきにするのが自然な本能なわけですから、腐敗がなくならないのも不思議ではありません。だからわたしは、近代国家は脆弱だと考えているのです。奇跡であるのと同時に脆弱です。

何が奇跡なのですか？

近代の民主主義はバランスをとることが求められるものだと思います。一方で国家がなければいけません。国家とはつまるところ権力です。国家は権力をまとめて集中させる制度であって、それによって法を執行し、コミュニティを外部の者から守って、国内の行動を取り締まることができるようになる。しかしこの強力な国家をつくったら、今度はそれを抑制する必要があって、その手段が法の支配と民主主義なわけです──民主主義によって、国家は少なくとも人口の相当部分の望みに従うことになります。このバランスをとるのが非常にむずかしい。国家がなかったり弱かったりして苦しんでいる社会もあれば、国家が強すぎて苦しんでいるところもあります。うまくこのバランスをとるのは、政治におけるちょっとした奇跡だと思っています。わたしたちはたいてい友人と仲よくするのを好むのであって、自分たちとかけ離れた人たちとはあまり仲よくしたいと思わないからです。

哲学的な次元で話をつづけると、ジョン・スチュアート・ミルは、自由主義には自由と平等の葛藤がつきものだと論じています。社会で自由が増えると平等が減る。フクヤマさんはこう書いています。「論争の中心は、自由主義社会を構成する原理についてではなく、まさにどの地点で自由と平等のトレードオフが成立するかという問題である」[2]。これは実際そうなのでしょうか。それとも自由は平等も向上させますか？

多くの人は認めようとしませんが、これはトレードオフだと思います。人によってもっている財産は異なるわけですし、生まれながらの才能も社会から与えられているものもちがうわけですから、自由が大きいと結果は平等になりません。金持ちになる人もいれば、成功できない人もいる。これを正して結果を平等にするには、人びとの自由を制限しなければならないと思います。この数十年間、わたしたちは自由市場および市場の規制緩和の試みと、結果をより平等にする再配分政策のあいだを行き来してきました。しかし再配分を重視する政策によって強力な国家が必要になり、そのために人びとの自由が制限されて、今度はその制約への反発が生まれる。するとまたすべてが自由化されて、ふたたび個人の自由が増やされるわけです。

振り子のようなものですか?

そうですね。ぴったりバランスがとれて安定することがあるとは思えません。いまは一九八〇年代と九〇年代の自由の行き過ぎのつけを払っているところだと思います。この時代は、一九八〇年代にアメリカのロナルド・レーガン大統領とイギリスのマーガレット・サッチャー首相とともにはじまりました。ふたりは、国家が大きくなりすぎていて、経済成長を阻んでいると主張したのです。銀行も含めて自由化をすすめ、それが金融危機と格差拡大につながりました。どこで歯止めをかけるのか、判断するのはむずかしい。いまは新型コロナウイルスによって急速に反対のほうへ向かっています。つまり行政の権限を強化し、個人の自由をより制限するほうへ向かっているわけです。こうした振り子の揺れが大きくなりすぎないようにするのはむずかしい。反対のほうへ向かう政治的圧力が高まると、政治家たちはどこまでどれだけ速く行けるか競いあうからです。

ひとつ基本的なことをうかがいたいのですが、それは政治理論、とりわけ民主主義理論へのフクヤマさんの重要かつ、ある意味で新しい貢献についてです。フクヤマさんは旧来の自由主義的な契約説を批判して、それに代わるものとして、人間本性の理論を土台にした社会生物学に根ざすご自身の主張を示しているように見受けられます。民主主義諸国についてのフクヤマさんの理解の土台にあるのは、社会的な人間なのでしょうか。

これは、それほど新しいアプローチではないと思います。自由主義理論の多くは、人間本性についての経済学的な見解に基づいていて、そこではそれぞれ自分の選好と理性をもった孤立した個人が想定されている。つまるところ、社会はこうした個人の集合体にすぎないわけです。ヨーロッパでは、この理論はアングロサクソンの世界ほど広がったことはありませんが、アメリカの社会科学では政治の仕組みについての多くの考えがこれに確実に支配されています。これが人間本性についての正しい見解だとは思えません。わたしは人間の行動には生来、社会的な側面があると考えていて、たとえばそれは、人びとが社会的承認を重視していることにも見られます。自分の内面に存在するある種の価値をほかの人に認めてもらいたいわけで、その承認が得られないと大きな怒りを覚えるのです。現代政治の多くの面を、この承認への欲求によって説明できます。その意味では、そうですね、政治的行動についてのわたしの考えは、人間本性についての主流とは異なる見解に基づいています。

民主主義国の数は減った

毎年、国際NGOのフリーダム・ハウスが世界の民主主義国の数を報告している。第二次世界大戦後から二〇〇五年にかけてこの数は大幅に増えたが、その後はわずかに減少した。二〇一九年のフリーダム・ハウスの指数によると、自由だと分類されたのは八七か国であり、『世界の自由報告書』では、二〇一九年は「世界の自由が連続して低下してきた一三年目の年」[3]とされている。冷戦終結直後にフクヤマが『歴史の終わり』を刊行したときには、楽観論と民主主義国の数はピークに達しつつあった。自由への鍵は民主主義だった。わたしたちは自由民主主義について語っていて、これはふたつのことばから成り立っている。「自由」と「民主主義」である。

現代では民主主義がどのように理解されているか、適切に説明するならどうなりますか？

その問いに答えるには、ふたつのやり方があります。政治学者の多くは、民主主義を単に手続き的に定義しています。民主主義国は自由でなければならず、複数政党による公正な選挙が定期的に実施されていなければならないというわけです。それもひとつの考え方ですね。しかし民主主義を実体の面で考えることもできる。こうした手続きが整っているか否かだけでなく、結果が実際に国民の意思を反映しているかどうかという面です。ここで多くの民主主義国は問題にぶち当たります。形式面では正しい手続きがとられていても、結果は国民が望むものになっていないのです。その理由は国によってさまざまですが、これはいままさに直面している問題のひとつです。人びとは思っていたものとちがうといって民主主義を非難していて、実際それが正しいこともあります。エリートが制度を悪用して、国民のほんとうの望みに制度が反応しないようにすることもあるからで、これがロビーイングや大きな利益団体といった類いのものに見出される問題ですね。

不安を覚えていますか？

世界の民主主義についていえば、いまの状態は三〇年前の一九八九年十一月よりも明らかにずっと悲観的に思えます。一九八九年当時は、偉大な政治学者サミュエル・ハンチントンがいう民主化の第三の波[4]の真っただ中にいました。一九七二年におよそ三五か国だった世界の民主主義国は、二〇〇〇年代はじめには一一〇あるいは一一五か国を超えるまでに増えました。一九八九年はこのプロセスのちょうど中間に位置しています。わたしがエッセイ「歴史の終わり？」を書いたのは、ベルリンの壁崩壊の直前でした。刊行されたのが一九八九年の夏です。当然ながらこの出来事によって、民主主義国の数が大きく増えます。東欧の旧共産主義国が民主化して、旧ソ連が崩壊したわけですから。

二〇〇〇年代なかば以降は、わたしの同僚ラリー・ダイアモンドが「民主主義の後退[5]」と呼ぶ状態にあります。民主主義国の数が減っているのです。ロシアと中国はいまや確固たる権威主義国家として世界中に影響を与えていますし、既存の民主主義諸国の内部ではポピュリスト運動が台頭している。ポピュリズムはおそらくこの期間で最大のサプライズで、アメリカやイギリスなどの最も確立された民主主義国ですら、そのせいで民主主義の質が損なわれています。

いま起こっているのは、ハンチントンの言う「一時的な揺り戻しの波」でしょうか。あるいは、二〇〇〇年以前の楽観論を裏切る根本的な逆戻りですか？

現時点で答えが出せるとは思いません。恒久的なものではなく、民主主義を永久に損ねるものではない、というのがわたしの願いであり推測です。けれども、これがどれだけつづくのかを予想するのは非常にむずかしい。

最近とても気の滅入る本を読みました。一九八九年以降に見られたのは歴史の終わりではなく、「消え行く灯り」[6]だというのです。その本の著者は、一九八九年以降にポーランド、ハンガリー、ロシアの自由民主主義がなぜ異なる道をたどったのかを示しています。これについてはどうお考えですか？

イワン・クラステフとスティーヴン・ホームズの主張は非常に興味深く、実際、正しいのかもしれません。民主主義と対になる自由主義が、ほんとうの意味で東欧に根づいたことはありません。ポーランドには当初、ヨーロッパ志向と西側志向のきわめて強いエリートがいました。ベルリンの壁崩壊後の最初の一〇年は、このエリートが政治を支配していたのですが、自由民主主義の「自由」の部分を受け入れないポピュリスト勢力もいました。その勢力は、民主的な選挙と多数決原理を望みながらも、現代社会は多様性を許容し法の支配を尊重する必要があるという考えは受け入れなかったのです。三〇年を経たいま起こっているのは、そうした制度の衰退です。クラステフとホームズは東欧で進行中の人口危機についても語っていますが、その問題はこれまでじゅうぶん認識されてこなかったと思います。よりよいチャンスや仕事などを求めて西欧に人が移動することで、東欧のかなり広い範囲で人がいなくなり、これが危機感につながっているのです。ハンガリーでもポーランドでも、東欧のほかの国でも同じです。

クラステフとホームズはロシアにも触れていて、ロシアは別の道をたどっていると論じています。プーチンは自由民主主義を茶化している。鏡を立てて、「わたしがやっているのは、まさにあなたがたがわたしたちにやっていることなのですよ」と言っている。ロシアは自由民主主義を信じていなくて、それをただ捏造し、でっちあげて、しばらく自由民主主義国のふりをしていただけだ。ロシアの最終的な目標は変化でも同化でもなく仕返しと正当化だとクラステフとホームズは主張しています。この仮説は有効でしょうか。

ロシアは欧米の一員としての役割ではなく、その代わりになる選択肢としての役割を模索してきました。この立場について、プーチンがはっきり説明したことはないと思います。長年のあいだにさまざまなアイデアを試してきたわけです。一九九〇年代には「主権民主主義」という考えをもっていて、そこから進化して、ポピュリスト運動を基本的にすべて支援するようになりました。そこではプーチンは、ある種の社会保守主義——キリスト教の価値観と家族を土台にしているとされるもの——のリーダーであると主張できます。プーチンが心からこうした主張をしているのかはわかりません、たとえば欧米諸国のキリスト教団体のほとんどは、人工妊娠中絶への反対を重視していますが、プーチンのロシアではこれはさほど問題にされていませんから。とはいえプーチンはいま、ポピュリスト組織の国際同盟を率いる立場にいて、そこにはアメリカの多くの団体も含まれます。これはかつてとは大きく異なる国際政治のあり方です。

とても気の滅入る話ですが、フクヤマさんは最近、長期的に歴史は進歩しうるのか否かが大きな問題だと言っています。それについてはいまも楽観的だと言いますが、[7] その立場は擁護できるとお考えですか？

ええ。さまざまな理由から、民主主義はほかよりもいい体制で、ほかよりもうまく機能します。実際に繁栄をもたらしますし、説明責任（アカウンタビリティ）も提供します。人びとはこうしたものを望んでいるのです。ですから、民主主義が課す制約の一部をほかの体制が覆すことはできるかもしれませんが、長期的に見ればそうした制約はしかるべき理由があって存在するわけです。ほかの選択肢はたくさんありますが、それらが自由民主主義ほどいいものかはわかりません。

ここヨーロッパでの印象は異なりますが、世界の一部では自由民主主義が盛り上がりを見せています。ひょっとしたら民主主義国は、ふたつの異なるタイプに分けられるのかもしれません。新興の民主主義国と、ヨーロッパ型のような確立された昔からの民主主義国です。フクヤマさんのスタンフォード大学の同僚、ラリー・ダイアモンドは『侵食される民主主義』で、懸念はしているけれども楽観的でもあると書いています。[8] フクヤマさんも同じ考えですか？　世界の民主主義諸国の状況を見たとき、楽観視できる理由はあるのでしょうか。

世界の状況はさまざまです。ある意味では、大きな希望をもてる兆しがあります。新型コロナウイルス危機以前は、世界はかつてなく望ましい状態のように思えました。経済が成長し、発展途上国で何億もの人が貧困から抜け出して、世界の多くの場所でおおむね安定が確保されていたのです。民主主義についていえば、多くの国で権威主義的な政府がはっきりと斥けられてきました。ベネズエラのニコラス・マドゥロやニカラグアのダニエル・オルテガへの抗議運動や、アルメニア、スーダン、エチオピア、ベラルーシ、アルジェリアでの抗議運動にそれが見られます。これらの国はすべてかなり厳しい独裁政権のもとにあって、市民社会がはっきりとそれを拒んでいるのです。

長年の問題は次の点にあります。すなわち多くの国では、広く嫌われている権威主義政府への抗議運動から、民主的な制度を実際に立ち上げる段階へと移行するのが非常にむずかしいのです。ただ、一九八九年に東欧で見られた力は、世界の多くの場所でいまなお健在だと思います。二〇二〇年五月にジョージ・フロイドが殺害されたあとには、アメリカだけでなく世界のほかの多くの場所でも抗議運動が目覚ましい復活を遂げました。こうした抗議運動は、はっきりした政治的見解をもつ若者たちによって動かされています。

台頭するポピュリズムは、民主主義の正統性を利用して自由主義の制度を掘り崩す

成熟した民主主義諸国の病については、あとで取り上げる時間がたっぷりありますが、フクヤマさんがおっしゃるように希望もあります。フクヤマさんの仕事を見ると、若いときにはいわゆる新保守主義派と結びつけられていましたが、イラク侵攻後に彼らとは袂を分かっています。それに、最終的に金融危機につながった経済政策も嫌っていました。おもに何を懸念していたのですか？

ひとつは、アメリカのパワーと、それを使って世界を民主化しようとする試み、もうひとつが、市場は自動的に調整されるので国家が監督する必要はないという考えです。このふたつの結果起こった大惨事を考えると、これらの考えを見なおす必要があったことがわかると思います。それに世界経済の自由化がすすんだことで、この自由主義革命を牽引したふたつの国、アメリカとイギリスで実際の格差が大幅に広がりました。持続不可能な次元の格差になっていて、一般市民全般にとって状況が改善しなければ、なんらかの社会革命が起こるであろうことが明らかになりつつありました。

それと同時に、わたしがまったく望まないかたちで共和党が右傾化していました。率直に言うと、

バラク・オバマが当選したあと、黒人が大統領に選ばれたことに多くの保守派が怒ったのです。そしてオバマへの抵抗がどんどん極端になっていきました。たとえばオバマの医療への取り組みをめぐる論争に見られたものなどで、わたしに言わせれば完全にクレイジーです。アメリカは富裕国で唯一、国民皆保険制度がない国です。ヨーロッパのほかの国では七〇年も前に整えられているにもかかわらずです。共和党は、これは社会主義であってアメリカらしくないと言っている。

フクヤマさんが書いたものを読むと、それほど保守的だとは思えません。ヨーロッパの古典的自由主義者とでもいえる立場に近いように思います。

おっしゃる通りだとわたしも思います。

だれに投票したか、教えていただく必要はありません。重要なことではありませんから。

話してもかまいませんよ。オバマに二度投票して、そのあとはヒラリー・クリントンに投票しました。二〇二〇年には民主党候補のジョー・バイデンに投票しました。

二〇一六年の大統領選挙では、自由民主主義国が直面する課題がいくつか浮き彫りになりました。わたしの考えでは、自由民主主義国は現在、ひとつの外からの脅威とふたつの内側からの脅威に直面しています。外からの脅威は、権威主義、つまり競合する政治秩序が成功を収めていることです。内側からの脅威のひとつ目は、制度の腐食、あるいは破壊とすらいえるもので、とりわけ法の支配を保証する制度にそれが当てはまります。内側からの脅威のふたつ目は、お互いに対する尊敬の欠如です——自由民主主義諸国への信頼が失われているのです。この課題はより〝目に見えにくい〟ものです。というのも、承認の条件の破壊と自由民主主義への信頼喪失の問題だからです。これはまた、批判の可能性や現実的な政治の解決策を見出す可能性の破壊も意味するのかもしれません。この分け方に賛成していただけますか？

わたしなら、少しちがう言い方をします。三つ目の脅威があって、それは特定の種類のポピュリズムです。多くの民主主義国で台頭していて、民主的な正統性を利用して自由主義的な制度を掘り崩しているポピュリズムです。

＊＊＊

『IDENTITY』の刊行とベルリンの壁崩壊三〇周年のあと、フクヤマは有名な「歴史の終わり？」論文を書いてからの社会と政治の変化について考えてきた。次章ではそれについて探りたい。

注

1 Fukuyama, *Origins of Political Order*, 325.（フクヤマ『政治の起源』下巻、一〇九頁）
2 Fukuyama, *End of History*, 293.（フクヤマ『歴史の終わり』下巻、一八九頁）
3 Freedom House, *Freedom in the World 2019: Democracy in Retreat.*
4 Huntington, *Third Wave.*（ハンチントン『第三の波』）
5 Diamond, *Ill Winds.*（ダイアモンド『侵食される民主主義』）
6 Holmes and Krastev, *Light That Failed.*（クラステフ、ホームズ『模倣の罠』）
7 "Fiscal Crisis Erodes EU Legitimacy."
8 Diamond, *Ill Winds.*（ダイアモンド『侵食される民主主義』）

2 世界の政治はどう変わったのか

この数十年で政治に重要な変化が生じた。アイデンティティの政治が顕著になり、かつて経済政策の左右の軸を形成していた政党よりもアイデンティティを強調する政党のほうが有権者の支持を集めるようになった。グローバリゼーションは多くの国を助けたが、欧米では経済格差を広げた。フクヤマは『ジャーナル・オブ・デモクラシー』の依頼を受けて、ベルリンの壁崩壊後の三〇年を振り返っている。その結果が、「世界政治の三〇年――何が変わったのか」という論文である。[1] この論文でフクヤマは、世界の政治を変化させた根本的な傾向を六つ示している。経済からアイデンティティへの政治軸の移行。民主的であることからビッグ・ブラザーになることへの技術の変化。仲介的な制度と報道機関の地位の失墜。信頼の低下。新自由主義の帰結。アメリカの誤った政策の影響。このうちのいくつかにはすでに触れたし、こうした傾向の多くにはこのあとで立ち戻ることになるが、まずは世界政治を大局的に見ることからはじめたい。

軸はアイデンティティの政治へとシフトした

二十世紀の政治は左派と右派に分かれていた。フクヤマは、この軸がいまはアイデンティティの軸へとシフトしたと論じる。著書『IDENTITY』はポピュリズムへの反応であり、フクヤマは、現在おもに政治を展開させているのはアイデンティティだと主張している。

アイデンティティの政治は新しいものではありませんが、いまそれが政治に現れているかたちと、そこから生じている分断は新しいものです。一九八九年以降の政治におけるこの変化について、考えを説明していただけますか？

根本的な変化は、地球全体で世界政治の軸が、経済的イデオロギーによる左派と右派によって定義されなくなっていることにあります。左派と右派のイメージは、おおむね二十世紀の政治の性質でした。左派が望んでいたのは、税金を徴収して国民に社会的恩恵をもたらすことができる強力な政府によって再配分をおこなうことで、右派が関心をもっていたのは、自由市場、個人の自由、より制限された国家です。この対立によって定義された世界で、わたしは育ちました。

何が変わったのですか?

いまわたしたちが暮らしているのは、アイデンティティの軸によって定義されつつある世界です。アイデンティティによって定義される世界をおそらく最もよく表しているのが、ドナルド・トランプ大統領でしょう。二〇一八年のアメリカ中間選挙では、従来の共和党の政策で選挙戦を展開することもできたわけです。減税を掲げたり、経済が雇用を生み出していることをアピールしたり、経済成長を約束したりといった具合です。けれどもトランプはそういったことは語らなかった。何について語ったのか。南部の国境を越えてメキシコから移民が大量に侵入していると語り、軍隊を送ると語ったのです。この脅威とされるものに対処すべく、トランプは出生地主義で市民権を与えるのをやめると脅しをかけ、つまるところ国が外国人に攻撃されていると主張しました。これはアメリカ保守主義の性質が大きく変化して、ロナルド・レーガンの保守主義の特徴だった自由市場のイデオロギーから離れたことを示しています。経済の軸からアイデンティティの軸へとシフトしたわけです。これはアメリカだけの現象ではありませんが、政治の傾向としてだれもがこれを意識するようになったのは、二〇一六年のドナルド・トランプの大統領選出とイギリスのEU離脱国民投票のときだと思います。これはさまざまな場所に現れつつあります。ヨーロッパではとても強く意識されている。ハンガリーとポーランドというふたつのEU加盟国が、ポピュリストの方向に大きく舵を切ったからです。おそらく最もわかりやすい例が、オルバーン・ヴィクトルのフィデス・ハンガリー市民連盟が政権を握るハンガリーだと思います。実のところ、これはすべて民主主義ではなく自由民主主義にとっての問題です。こうしたポピュリストの指導者たちは「選挙に勝ったのだから、わたしには正統性がある」と主張する傾向にあって、そのうえで法の支配の制度を掘り崩しにかかるからです。

この変化は世界のほかの場所でも起こっているとお考えですか？

さらに遠いところでは、ナレンドラ・モディ首相のインドがそれにあたります。インドは一九四〇年代の終わりに自由主義国家として建国されました。宗教、地域、言語の面で驚くほど多様性に富む国です。それほど多様で複雑な国を治めるには、法とルールによる自由主義的な体制を用いるしかありません。インドにはマハトマ・ガンディーとジャワハルラール・ネルーから受け継いだ自由主義的なナショナル・アイデンティティがありました。しかしモディ首相は、そのアイデンティティを自由主義的なインドという考えからヒンドゥー・ナショナリズムに基づいたものへと移行させようとしています。これは建国者たちがはっきりと斥けていたものです。その結果が、たとえばインド人民党が昨年通過させた市民権法改正案です。それによって、イスラム教徒はインド国民になるのが非常にむずかしくなりました。最大で二億人のイスラム教徒のインド国民が排除されるということです。

このようなことが世界のさまざまな場所で起こっています。スリランカとミャンマーで台頭してきた戦闘的な仏教にもこれが当てはまるでしょう。南アメリカでは従来、ポピュリズムは左派のものでしたが、いまは右派のポピュリストの例がひとつ見られます。二〇一八年にブラジル大統領に選出されたジャイール・ボルソナーロです。南アメリカはウゴ・チャベスのような左派のポピュリストが典型的に見られる地域ですが、初めて右派のポピュリストが誕生して、実際、ドナルド・トランプよりもずっとあからさまに人種主義的なことばで黒人ブラジル人について語っています。

アメリカでは、これはどのように展開してきたのでしょうか。

人びとの投票行動についての統計データを見る必要があります。左派政党の最大の票田は労働者階級です。民主党は白人労働者階級の有権者に頼って選挙に勝っていました。ニューディール連合はロナルド・レーガンの時代までつづきましたが、その後、動機が変化します。ひとつには、民主党が人種問題において公民権やフェミニズムなどへと重点を移行させてきたためです。この変化によって一部の白人労働者階級の有権者が離れはじめて、それがいまもつづいています。左派はみずからを再定義しはじめて、労働者階級そのものではなく、特定の集団に対する不当な扱いに集中するようになった。左派の多くの人にとって、労働者階級は問題の一部にすぎなくなったわけです。アメリカでもヨーロッパでも、左派政党の多くが白人労働者階級の有権者の支持を徐々に失いはじめました。白人ナショナリストの多くはこう言うでしょう。「我々白人は、いまや不当に差別されたマイノリティだ。差別是正措置（アファーマティブ・アクション）によって虐げられてきた。左翼が我々よりも外国人を優遇するせいで、子どもたちをしかるべき学校に入れることができない」。ここからかなり有害な政治が生まれてきたのです。

さらにいうなら、労働者階級の多くは文化の面でかなり保守的です。これは人種と関係しています。一九六〇年代以前は、民主党は性質の大きく異なるさまざまな集団の大連合を中心に成り立っていたからです。労働組合と北部の知識人や進歩派によって構成されてはいましたが、南部の人種主義者も含んでいて、フランクリン・ローズヴェルトが大統領だった一九三〇年代には、党内で大きな位置を占めていたのです。一九六〇年代以降、民主党は人種から離れて公民権法を受け入れます。民主党はみずからを公民権運動と結びつけ、この変化によって南部の人種主義者は共和党へと移っていきました。

これは実際、経済的な自己利益の追求からアイデンティティを土台にした政治への移行なのでしょうか。

ええ、人には自分と同じような人に親近感を覚える傾向があるとわたしは思っています。一九五〇年代にスタンフォード大学でおこなわれた有名な研究のことを聞いたことがあるかもしれません。非常に均質な思春期の少年の集団ふたつを集めて、きみは赤チーム、きみは青チームとふたつのチームに分けた。赤チームのほうには完全にでっち上げられた属性が与えられたのですが、実験の最後にはみんな相手チームと互いに殺し合おうとしていました。自分と同じような者に親近感を覚える傾向のためです。人種や民族である必要はありません。ほかと区別される特徴であればなんでもいいのです。多くの人がこの気持ちと闘おうとしていると思います。アメリカ政治における対立は多くが感情的なもので、それが経済的合理性を凌駕しています。人びとは選挙で自分たちの利益に反して投票しているのです。オバマケアは南部の農村で暮らす有権者の多くにとって非常に望ましいものだったのに、多くの人が共和党の政治家に投票しました。健康保険に入っていない人たちですら、オバマケアに反対票を投じたのです。理解に苦しみますが、アイデンティティが経済的な自己利益にまさるというのは、つまりそういうことです。

この自分の属さない階級に共鳴しそれを支持する虚偽意識をどう説明しますか？　なぜアイデンティティが経済的な自己利益をしのぐのでしょう。

共和党支持者の多くは、必ずしも共和党に非常に忠実というわけではないのですが、民主党支持者のイメージを嫌っています。彼らにとって民主党支持者はある種の人、つまりフェミニスト、ゲイ、政治的に正しい(ポリティカリー・コレクト)人、自分たちが嫌うありとあらゆる人なので、共和党候補でさえあればその人に投票するわけです。近代経済学は、すべての人間は合理的に判断して自己の利益を追求するという仮説のうえに成り立っていますが、社会心理学の多くの文献によると、この仮説は正しくありません。人は一定のイデオロギー的あるいは文化的な見解から出発し、知力を総動員してそうした見解を正当化するのです。

格差、信頼の低下、憤りが政治の変化につながる

グローバリゼーションは格差を生んだとしてよく批判されます。格差の拡大をどう説明するのか、考えを聞かせてください。

貿易理論の授業を受けた人ならだれもが知っている、典型的な考えからはじめましょう。自由貿易は、全体としてすべての人をより豊かにすると習ったのではないでしょうか。ただ、うっかり聞き逃していた人もいるかもしれませんが、結果としてすべての国のすべての人が豊かになるわけではないと先生は説明していたはずです。実際、豊かな国の労働者は、同様の技能をもつ発展途上国の労働者に仕事とチャンスを奪われています。中国とインドで中間層が拡大し、人びとが貧困から抜け出している一方で、サウスカロライナ州は不況に陥っているわけです。

富裕国の労働者の憤りは、明らかに政治における近年の変化の一因ですが、フクヤマさんはゆっくり進行している別の傾向についても語っています。信頼の低下です。

ええ、このポピュリズムは、制度への信頼が広い範囲で低下しているのと歩みをともにしています。わたしは一九九〇年代に『「信」無くば立たず』という本を書きました。信頼は無形のものですが、

社会を機能させるのに決定的に重要です。ほかの市民を誠実に扱うという考えによって、情報の自由な流通が可能になり、社会での協力が促されるのですが、現代社会ではあらゆるものへの信頼が低下しています――労働組合、政党、教会、企業、政府、さらには家族への信頼もです。

過去五〇年間の調査データを見ると、こうした制度のほぼすべてに対する信頼のレベルが低下していて、これは多くの国で格差の拡大と同時期に進行しています。ようするに、ロバート・パットナムが一九九〇年代に『孤独なボウリング』でアメリカについて論じていたのがこれです。ただ、信頼が低下しているのは心配ではありますが、これは世界中で起こっている望ましいことの副産物と見なすこともできます。

権威への信頼が失われて透明性が全般に高まるのは、完全に否定的なことといえるのでしょうか。

いいえ、これは複雑な現象です。この信頼の低下は、望ましい方向への展開と一部関係しているからです。たとえばこの三〇年間で、多くの国で教育レベルが向上しました。高等教育を受けると、人は権威に対して懐疑的になります。多くのことを疑問視するようになり、情報もたくさんもつようになって、その結果、さまざまな権威が言うことを信用しなくなる。たとえば、カトリックの司祭による性暴力のスキャンダルがたくさんあります。新しい現象だとはまったく思いませんが、信徒に対する教会の接し方について透明性が高まったために、以前よりもよく知られるようになったわけです。

わたしたちの社会は、より多様になりつつもあります。もうひとつの例が〝オールド・ボーイズ・

ネットワーク〟です。同じ学校を出て同じ社会集団で生きる、きわめて均質な集団に属する人たちのことですね。彼らは互いの信頼を築いていましたが、女性や非常に異なる背景をもつ人たちが一部のエリート集団に参入したことで、それは破壊されました。かつて世界を動かしていた高齢白人男性によるこうした古いネットワークに存在した信頼の絆は、異質なものによって弱められる傾向にあるのです。その結果、信頼は低下しますが、多様性が広がるのはいいことです。社会がひらかれて、多くの点でより公平になっているということですから。信頼の低下は組織を弱体化させますが、社会で進行しているより大きな変化には必要な要素でもあるのです。

新自由主義が世界経済をかたちづくった

この信頼の欠如は、いわゆるシカゴ学派の経済システムのせいだと論じる人もいます。この批判に同意しますか？　また、新自由主義について説明していただけますか？

新自由主義は軽蔑語で、たいていの場合、シカゴ学派と結びつけられるある種の政策アプローチを批判するのに使われます。いま新自由主義と呼ばれている一連の考えは、古典的な自由主義とは異なります。もっと極端です。かたくなに国家を嫌う考えのうえに成り立っていて、その結果、経済の規制緩和がすすめられ、それが最終的に金融危機と所得格差の拡大につながりました。

シカゴ学派にはだれがいるのですか？

シカゴ学派を率いていたのは、ミルトン・フリードマン、ジョージ・スティグラー、ゲーリー・ベッカー、ロバート・ルーカスといった経済学者たちです。この運動にはノーベル賞を受賞したさまざまな有名経済学者が加わっていて、一九七〇年代と八〇年代にスタンフォードなどの大学で経済学と社会科学を牛耳るようになりました。スタンフォードのわたしの同僚の多くは合理的選択論の政治学者で、シカゴ学派による人間行動の理解から導き出されたモデルを使って研究をしています。

シカゴ学派はどのように人間の行動を理解しているのでしょう。

きわめて個人主義的な人間理解に基づいています。すべての人間はばらばらに独立して存在する個人である。人間には選好があり、合理的な判断によってそれを最大化できる。こうした見解に基づいて、それらの構成要素から人間の行動を組み立てられると考えているのです。人間の交流の社会的側面は、このモデルでは重視されません。この正統派経済学者のグループが、非常に精巧な、しかし究極的には非常に単純な人間行動のモデルを開発したのです。ゲーリー・ベッカーは、あるときにこんなことを言っています。この合理的な効用最大化モデルさえあれば、人間行動のすべての側面を説明できる。それを信じない人はただ怠惰なだけで、モデルをより厳密に適用する術を学ぶべきなのだと。こうした立場が、政府よりも市場を優先させる一連の政策につながったわけです。そこから現れたのは、自由主義ではなく新自由主義でした。実際、ロナルド・レーガンとマーガレット・サッチャーが政治の世界で台頭したのは、この経済学派からの知的な支援によるところが大きいといえます。

ノルウェーでも一九八〇年代に必要とされて自由化がすすみました。

自由化にはよい効果もたくさんあります。一九七〇年代の政府は出しゃばりすぎでしたから。規制や無茶な財政政策があまりにも多かった。とはいえ、自由化にはきわめて大きなマイナスの影響もあって、それがいま顕在化しています。政府に規制されない純粋な市場競争による影響です。それが行き過ぎてしまったのですね。世界での格差拡大はグローバリゼーションの結果であり、自由貿易と自由市場が全体としてすべての人を豊かにするという経済理論の副産物です。その理論は正しいのですが、豊かな国の非熟練労働者のほとんどが苦しむことになるという新自由主義の側面に注意を払っていない人が多かった。貧しい国の同じ教育水準の人たちと競争しなければならなくなるわけで、中国が世界貿易機関（WTO）に加わったことで起こったのがまさにこれでした。当時、経済学者は、損失を受ける人たちには補償をすると言っていましたが、それが実行されることはありませんでした。そこから産業の空洞化と労働者階級の衰退がはじまったわけです。新自由主義は一種のイデオロギー的な反国家主義につながりましたが、新自由主義がアメリカで生まれたのは偶然ではありません。アメリカの政治文化はずっと国家に懐疑的で、そうしたアメリカの伝統が社会科学の言説を支配していたからです。

フクヤマさんはこの種の考え方をかなり否定的に論じていて、少なくともアングロサクソンの世界では、それが政治に非常に大きな影響を与えたと示唆しています。

ええ、一九七〇年代終わりと八〇年代はじめに当選したレーガンとサッチャーは、新自由主義を政治の世界で体現する存在でした。しかし、この動きがこれほどの力をもったのは、その背後にいわば高尚な知の力があったからです。つまり経済学者がきわめて手の込んだ一連の政策をつくっていて、それが本格的に世界経済を形成しはじめていたからです。たとえば最近、わたしが所属する研究所で、民主主義とインターネットについてのちょっとしたプロジェクトの一環として独占禁止の規制を研究しはじめるまで知らなかったのですが、一九八〇年代までアメリカでは独占禁止法がかなり強力に執行されていました。その後、ロバート・ボークやジョージ・スティグラーといったシカゴ大学の教員たちが、そうした独占禁止法が悪用されていると主張しはじめます。ただ効率よく動いているだけの大企業を罰するのに使われているというのです。これがアメリカの法律にとてつもなく大きな変化をもたらしました。

いまアメリカには、規模は気にしなくていいというこのシカゴ学派の想定のもとで育った裁判官がまるまる二世代います。その結果、長年のあいだにアメリカの企業セクターはどんどん集中がすすんできました。実際、一九九〇年代には、ほぼどの分野でもアメリカよりもヨーロッパの消費者価格のほうが高かったのですけれど、いまは逆転しています。アメリカを訪れるヨーロッパの人はたいてい、アメリカでは何もかもが高いと思うのではないでしょうか——電話、薬、航空券、すべてです。ニューヨーク大学で経済学を教えるトーマス・フィリポンが『大反転——アメリカはいかに自由市場を手放したのか』というおもしろい本を書いています。フィリポンによるとそれは、ヨーロッパが実際に競争政策を重視して多くの市場を強制的にひらいた一方で、アメリカは反対の方向にすすんで経済力の集中を可能にしたためです。[2] 独占禁止法が執行されないのは、こうした企業がロビイストを雇って議員に働きかけ、独占禁止法の積極的な執行に賛成票を投じないようにさせているからです。

＊＊＊

シカゴ学派とそこから生じた新自由主義の考えが、政治家に思想面でのお墨つきを与え、二〇〇八年の金融危機につながった。こうした構造変化によって多くの人が仕事や家を失い、当然ながら憤りが噴出した。しかし強力な左派のポピュリスト運動は現れていない。登場したのは右派のポピュリズムである。

注

1 Fukuyama, "30 Years of World Politics."
2 Philippon, *Great Reversal*.

3 反自由主義的な攻撃は民主主義をいかに脅かすのか

反自由主義的な攻撃によって、既成の民主主義諸国で制度が蝕まれている。ヨーロッパに目を向けると、トランプの側にいる政治指導者は一目瞭然である。ハンガリーのオルバーン・ヴィクトル、イギリスのナイジェル・ファラージ、フランスのマリーヌ・ル・ペン、その他の右派ポピュリストたち、それにトルコのレジェップ・エルドアン、ロシアのウラジーミル・プーチン。ポーランドとハンガリーはナショナル・アイデンティティを強調していて、同じ歴史や文化的背景、あるいは民族性を共有しない者を排除している。ナショナル・アイデンティティは不安につけこむポピュリスト指導者たちに利用されているのである。チェコの作家ミラン・クンデラが、小国について次のように書いている。小国とは「その存在そのものがつねに問われるような国家である。つまり小国は消滅する可能性があり、そしてそのことを知っている」[1]。そうしたヨーロッパ諸国のことを語る前に、フクヤマはポピュリズムについて説明する。

ポピュリズムと分断が政治体制の障害となる

対話のなかでフクヤマは、二〇一七年十一月に『アメリカン・インタレスト』誌に寄稿したふたつの論文、「ポピュリズムとは何か」（"What Is Populism?"）と「なぜいまポピュリスト・ナショナリズムなのか」（"Why Populist Nationalism Now"）に言及する。これらの論文でフクヤマは、三つの形態のポピュリズムを考察している。ひとつ目が経済的ポピュリズムであり、そこでは（多くの場合左派の）指導者が、長期的に維持することが不可能な経済改革を掲げる。ベネズエラのウゴ・チャベスがこの典型例である。ふたつ目のポピュリズムが重視するのは、スタイルとカリスマ的なリーダーシップであり、国民との密接なつながりである。「わたしはみなさんの代表だ」というわけだ。しかしここでは、代表は制度として理解されておらず、司法やメディアなどの制度と真っ向から対立することも多い。最後の形態のポピュリズムは国民を特定のかたちで理解していて、自分たちと異なる人はたとえ市民権をもっていても排除する。

この最後の形態のポピュリズムが、ハンガリーで見られるものでしょうか。

ええ、その一例がハンガリーのオルバーン・ヴィクトルのポピュリズムです。オルバーンは非自由主義的民主主義と称するものを主張しています。これは、自由主義体制と結びつけられる憲法上の抑制と均衡（チェック・アンド・バランス）に縛られない多数派支配の民主主義のことです。それにオルバーンは、ハンガリー人のナショナル・アイデンティティを民族によって再定義しようとしてきました。ハンガリー人であるということは、民族的にハンガリー人であるということであって、ハンガリー人でさえあれば、ハンガリーで暮らしていてもいなくてもかまわないというわけです。これには問題がふたつあります。民族的にハンガリー人ではない国民が国内にたくさんいることと、中東欧の近隣諸国に数百万のハンガリー人が暮らしていて、その人たちはハンガリー人のアイデンティティももってはいるけれど他国の国民だということです。一九三〇年代のドイツも同じ状況で、それが第二次世界大戦につながりました。左派のポピュリズムはたいてい経済とリーダーシップのスタイルに集中していて、右派のポピュリズムはカリスマ的な指導者と民族的な国民の定義により重きを置いています。

この展開によって「我々」と「彼ら」の対立が生まれて、それが政治の仕組みに影響を与えています。わたしたちはエネルギーをアイデンティティの政治へ向けているのでしょうか。つまり何ができるか、何に合意できるかではなく、わたしたちはだれなのかという問題になんらかのかたちで関心を向けさせる政治へ。

その対立は多くの民主主義国で深刻な問題になっていると思います。人びとが互いに怒りを燃やしていて、議論や妥協をする気がないのです。そのせいで政治体制は動きを阻まれ、何もできなくなっていて、この状況はさらに悪化していくでしょう。動きが阻まれていると、非難合戦がつづいて行き詰まります。

ポピュリスト運動の土台はどこにあるのでしょう。

ポピュリスト運動の土台は貧困者ではないと思います。自分は中流階級だと思っていて、その地位を失いつつあると考えている人たちです。これは相対的なものです。

地位を失いつつある？

この流れをつくっているのは貧困者ではありません。所得レベルの最底辺にいる人たちはたいてい左派政党に投票していて、地位を失いつつある中間層の人たちが右派政党に投票しているのです。

オルバーンはハンガリーを非自由主義的民主主義国と呼んでいます。初めてこれを聞いたとき、国名に「民主主義」が含まれているけれども実際にはまったく民主主義国ではないさまざまな国を思い浮かべました。けれども、これは新しい現象です。この展開はどのように説明できますか？

実のところ、これは新しい現象ではありません。一九九〇年代の論文でファリード・ザカリアは、民主主義革命だと考えられていたものは、実際には自由民主主義革命ではなかったと論じています。さまざまな国が非自由主義的民主主義国になった革命だという。この考えはずっと前からあるわけです。

それらの国は民主主義だけ受け入れたくて自由主義は受け入れたくない、つまり自由民主主義ではないということでしょうか。

基本的にはそういうことだと思います。それらの国は、正統性が国民に由来することは受け入れる。しかしそれらの国では、権力を抑制し、マイノリティの権利を尊重させて、公平に法を執行する自由主義的な体制を国民が望んでいないのです。

ポピュリスト指導者が法の支配と憲法を破壊する

ヨーロッパとポピュリズムの台頭に話題を絞りましょう。ポーランドとハンガリーでは何が起こっているのでしょうか。

ポピュリズムの真の危険は、ポピュリスト指導者の多くがみずからの正統性を利用して、決定的に重要な制度を破壊しようとする点にあります。法の支配、独立したメディア、非人格的な官僚制といったものです。彼らはこんなふうに言います。「こうしたいろいろな法律や憲法による制約は、ほんとうに必要なのか？　我々の取り組みの邪魔になっているのに」。カリスマ的な指導者がいて、自分は国民の意思を実行に移すよう国民から権限を与えられていると考えているとします。その場合、新聞やテレビで批判されたり、裁判所に何かをしてはいけないと言われたり、さらには、官僚に政敵を訴追させることができなかったりすると、そうした制度を破壊しようとするわけです。この最後のものは非常に心配です。たとえば、ポーランドでは政党〈法と正義〉が司法の独立を脅かそうとしていますが、これは恒久的な変化であり、長い目で見てポーランドの民主主義の質に深刻な影響を与えるからです。こうした右派政党はどこも、自分たちの都合に合わせて平気で司法の独立を脅かし、独立メディアを非合法化します。この種の破壊行為には抵抗しなければなりません。

民主主義を内側から脅かすこういったものに、欧米民主主義諸国の知識人はもっぱら関心を寄せています。数ある例のひとつが、デイヴィッド・ランシマン『民主主義の壊れ方』です。ランシマンは、民主主義はいきなり死ぬのではなくゆっくり壊れていくのだと論じています。この見解に同意しますか？

多くの政治学者が、最近の民主主義の後退は一九六〇年代や七〇年代とは異なると指摘しています。六〇年代と七〇年代には、一連の軍事クーデタによって突然、民主主義による支配が覆されました。いまは、民主主義はゆっくりと腐食しています。とくに自由民主主義国の自由主義的な規範が蝕まれていて、その腐食は、与党が基本ルールを変更し、政権の座からおろされる可能性を極端に小さくできるところまでじわじわと進行しています。ですから、非常に古くからある民主主義国の一部についてわたしが最も心配しているのは、それらの国が自由主義的な国際政府と自由主義的な国内政府から離れていくことです。

こうしたきわめて破壊的な政党や指導者をポピュリストと呼ぶ傾向にあるのはなぜでしょう。

ひとつには定義の問題です。制度を脅かす人たちをポピュリストと呼ぶ傾向にあるということです。ですから、ほとんどその定義からしてポピュリストは、そうした破壊的なことをする。わたしたちから見て好ましいことをしていて、制度を攻撃していないのであれば、その人たちはただ民主的に選ばれた指導者と呼ばれます。一種の循環論法ですね。ポピュリストといったレッテルを使うのではなく、特定の指導者が実際に憲法の枠組みのなかで仕事をする気があるのかどうか、法の支配を尊重する気があるのかどうかを見る必要があると思います。

民主主義制度は、なぜポピュリストがつけこむ余地を残してきたのでしょう。

それは、民主主義についての長期的な興味深い問いです。多くの政治学者が、民主主義はどこかの時点で確立されて、その後はあと戻りできなくなると考えているからです。実際には、アメリカを含む多くの民主主義国で、さまざまなかたちであと戻りが起こっていると思います。理由はおそらく社会によって異なりますが、ひとつにはきわめて日和見主義的な指導者が登場していることが挙げられます。現在の政治指導部の失敗に乗じて権力を握るチャンスを見出している者たちです。たとえばアメリカで金融危機がなければ、またヨーロッパがユーロ危機や移民危機に苦しんでいなければ、ポピュリズムは出現しなかったかもしれません。とはいえ、政界のエリートがしくじったりやるべきことを見誤ったりすることもよくあって、その結果、当然ながら国民はエリートに怒りを向けることになります。

一九六〇年代と七〇年代にもポピュリストはいました。いまは何がちがうのですか？

一九六〇年代と七〇年代には、まだマルクス主義者だった非常に精力的な左派が存在して、ヨーロッパ各国にラディカルな非主流派がいました。いまは、ラディカルな右派がより根本的な前提の多くに疑問を投げかけているのです。

そうしたポピュリストは、悪いことしかしていないのでしょうか。

いいえ、ポピュリストは、人気があっておそらく必要でもあることを推進していることもあります。ポーランドの〈法と正義〉党は子ども手当の法律をつくりました。これはポーランド人に非常に好評です。前の政権は、だめだ、そんな余裕はないと言っていたのですが、かなりの成功を収めて、〈法と正義〉党の正統性を確保するのにひと役買いました。

資金があって改革を金銭的に支えることができれば、ポピュリストは人気を保てるということですか？

ええ。ただオルバーン・ヴィクトルのことを考えてください。彼はEUから補助金をもらっています。ハンガリーの国内総生産（GDP）の五パーセントがEUからの補助金で、これはとんでもない数字です。それを取り上げたら、彼は民主主義国のリーダーとして成功しているようには思われなくなるでしょう。

これらのポピュリストは、自分たちは民主的に選ばれたのであって、国民を代表しているのだと言います。けれども、ノルウェーの民主主義の最も価値ある特徴をひとつ挙げるとするなら、妥協点を見出す力だとわたしは思っています。これらのポピュリストたちは、妥協する気がありません。

おっしゃる通り、妥協しませんね。民主主義は多元的な社会でちがいを調停しようとする制度です。しかし、それがいつも機能するとはかぎりません。社会の葛藤が一定の次元に達して、基本的な価値観をめぐって根本的な意見の相違に直面すると、いかなるルールでもそれを抑えることはできず、妥協するのがむずかしくなります。問題は、ヨーロッパがその時期に近づきつつあるのか否かですが、わたしの考えでは、まだそこまでは達していません。法の支配、民主主義、基本的な価値観について、まだそれなりに強力なコンセンサスがあるからです。とはいえ、以前とは異なるかたちで困難に直面しているのはたしかです。少し慰めになるのは、たいていのポピュリストは政権の座に就くとうまくいかないことでしょうか。いまの新型コロナウイルス危機でもそうですね。

いま経験していることを、歴史的な視点からほかの時代と比較するとします。現在の政治はどれほどひどい状態にあるのでしょうか。

少し広い視野で考える必要があると思います。この種の後退は新しい現象ではありません。二十世紀を通じて、民主主義は絶えず大きな後退を経験しました。この一〇年で経験したものよりもはるかに大きな後退を経験したのです。一九三〇年代は民主主義にとっていい時代ではありませんでしたが、それでもそこから回復しました。わたしたちにはまだできることがあります。これは避けられない傾向ではありませんし、権威主義的な政府の台頭を止められないわけでもありません。街頭に出て抗議をすることで、また最終的には投票によって、人びとはそれに歯止めをかけることができるわけです。

新型コロナウイルスの時代には抗議デモをするのはむずかしいですが、やがてまたできるようになります。二〇二〇年八月の終わりに、ベラルーシで大規模な抗議デモが起こりました。独裁者アレクサンドル・ルカシェンコが新型コロナウイルスへの対応に大失敗したあと、汚いやり方で選挙に勝ったことで起こったデモですが、ここからも一九八九年の精神が権威主義的な諸国でいまなお生きつづけていることがわかります。

市民は権威主義的な支配者のもとでの暮らしを忘れる

法の支配は何にもまして重要であり、法の支配を土台とし、腐敗していない独立した諸制度をもつ自由民主主義国は、さまざまな利益集団からの圧力に抵抗しやすく、権威主義へと向かう傾向を回避しやすい。

権威主義的な傾向のある指導者が民主的に選挙で選ばれた国では、法の支配をどのように守ればいいのでしょうか。

法の支配を守る唯一の手段は、選挙に勝つことです。それが民主主義国で権力を分配する方法だからです。選挙で負けつづければ、そうした人たちの立場が確固たるものになっていきます。ほんとうにそれが唯一の方法なのです。おそらくこれはむずかしいことで、有権者が得られる情報がじゅうぶんでない場合にはとくに困難ですが、世界全体ではそれほど厳しい状態ではありません。世界中で最近起こっていることを見ると、ニカラグア、アルメニア、ウクライナ、スーダン、アルジェリアの例があります。エチオピアのアビィ・アハメド首相はノーベル平和賞を受賞しましたし、香港の例もあります。これらの国の例はすべて、人びとが権威主義的な政府を好まないことを示しています。権威主義的な政府の代わりになるものについては合意できないかもしれませんが、独裁のもとで暮らすのはいやがっているのです。

権威主義へと向かっているように思われる民主主義諸国の展開についてはいかがですか？　一九八九年、わたしは東欧出身の若い学生にたくさん会いました。みんなとても熱心に西欧に行きたがっていましたが、その人たちはすでに年をとっていますし、その子どもたちは一九八九年以降に生まれています。これが大きく関係していると思いませんか？

そうですね、ほんとうの権威主義国家で暮らす経験の記憶が消えてしまいました。興味深いことです。

二〇一九年にフクヤマさんは、この現象についてデンマーク人のインタビュアーに次のように説明しています。

ポーランドを見てください。旧東欧圏のなかで、ソヴィエト共産主義の手から最もうまく逃れ、すぐにヨーロッパに加わって安定した民主主義を築いた国のひとつです。〈法と正義〉党が台頭する前のポーランドはEU加盟国のなかで最も成功を収めていて、経済成長率も高かったのですが、それでも有権者はこの政党を選んだのです。ただ、現在の多数派はベルリンの壁崩壊後に生まれた人たちで、権威主義体制のもとで暮らした経験がありません。現代の民主主義社会での暮らしを当然だと思える人たちです。そして突如として、民主主義では不十分だと不満が高まります。その後、EU批判がはじまって、移民への不安が生じる。これらは、ポーランドが共産主義独裁政権のもとにあったときには問題にならなかったことです。[2]

人間は専制政治を根本的に嫌うものであり、人びとは自分たちの基本的権利を侵害する政治権力を望まない、そう考えていらっしゃるのですか？

場合によります。権威主義的な抑圧を受けていたら、それはいやでしょう。そんなことが好きだという人はいません。しかし他方でそれは、権威主義者が何をしようとしているのかにもよります。自分たちの意思を少数派に押しつけようとしている多数派に属している人なら、権威主義が悪いとは必ずしも思わないでしょう。

ただ、だれも中国に行ってそこで暮らしたいとは思わないともフクヤマさんは言っています。

その通りです。だからこそ、権威主義による抑圧を自分自身で経験したり、近くでそれを目にしたりしなければ、悪いことだと気づかないのです。ほんとうの権威主義政府がヨーロッパにあったのは一世代前までだと思います。

『模倣の罠』の共著者イワン・クラステフに話を戻すと、彼は二〇一七年に『アフター・ヨーロッパ』という本も書いていて、そこで東欧について語っています。とくに論じているのはナショナリズムの台頭についてですが、人口動態上の課題にも触れています。クラステフが言うには、人びとはよりよい暮らしを求めて西側諸国に移動し、多くの人が自分たちの社会はすぐに自由主義的で資本主義的になると思っていたけれど、ドイツでは状況が異なった。二〇一〇年にベルリンではヒトラーをテーマにした最初の特別展が開催されましたし、ベルリンの中心部にはユダヤ人の記念碑〈デンクマール〉があります。ドイツのアプローチはほかと異なるのでしょうか。

戦後のドイツは、ホロコーストで起こったことをありのままに次世代に教えるために、大きな力を注ぎました。オーストリアのように自分たちをヒトラーの被害者と位置づけようとすることはなく、アジアでの植民地支配の遺産について日本がおおむねそうしてきたように、その歴史を完全に無視しようともしなかったのです。自由主義の価値観を教えこもうとするこの取り組みは、非常に幅広く根気強くなされたので、ドイツの若者の多くがこうした教育をいやがるようになりましたが、それでも効果はありました。東欧の国で、これほど正直に戦時の歴史と向き合ったところはありません。その結果、若い世代は、ドイツ人が備えているような自由主義の価値観を必ずしも吹きこまれてはいないのです。

ヨーロッパで見られる非自由主義的な傾向、つまり多くの人が「声を獲得すること」、「耳を傾けられ理解されること」、「自由よりも安全」を求めている傾向には、ほかにも理由があるのでしょうか。

人びとがそれを選択したらそうなる、というのもひとつかもしれません。あるいは、特定の指導者たちがたまたま人びとの人気を集めただけかもしれません。トランプやオルバーンがいなければ、いずれの国もいまとは非常に異なる状態だったでしょう。しかし金融危機などの出来事を考えると、もっと早くにこれが起こらなかったのは驚きです。なぜ二〇一六年に突然すべてがはじまったのでしょう。構造的な力によってこれを説明できるとは思えません。リーダーシップが大きく関与しているのです。

＊＊＊

権威主義的な社会の記憶が徐々に薄れつつあるのは、歴史家であるわたしには不安であり、一九八九年以降に生まれた希望的観測を考えると、もちろん残念なことでもある。フクヤマはポピュリズムを動かすさまざまなメカニズムを説明する。なかでも最も深刻な問題が、法の支配と憲法の破壊である。次はフクヤマ自身の国、アメリカについて考える。

注

1 次に引用。Holmes and Krastev, *Light That Failed*, 39.（クラステフ、ホームズ『模倣の罠』、六〇頁）

2 "Fukuyama: Populismen peger paa ægte problemer, man har forkerte svar."

4 アメリカは自由主義秩序の導きの光ではなくなるのか

ポピュリズムとその影響についての議論を終える前に、アメリカについて、また二〇一六年のドナルド・トランプの当選およびその後の出来事について論じなければならない。この選挙はアメリカ社会、アメリカの国際関係、第二次世界大戦後の世界秩序におけるアメリカの特別な地位に地殻変動的な影響を与えた。『IDENTITY』は二〇一六年にドナルド・トランプがアメリカ大統領に当選した直接の結果として書かれた本である。

トランプの当選はアメリカ社会の深い分断を物語っている

トランプが勝ったとき、どう感じましたか？

予期していなかったので、ぞっとしました。けれども、これはアメリカの制度を試す興味深い機会になるとも思いました。さまざまな面で立憲制度は、ドナルド・トランプのような人物を抑えるためにつくられたからです。

トランプと、大統領としての彼についてどうお考えですか？

二〇二〇年、わたしたちは新型コロナウイルス危機のことで頭がいっぱいでしたが、アメリカにとっての何よりの不幸は、この国家の非常事態のときにドナルド・トランプに率いられていたことです。トランプは国のリーダーとしての資格を欠いていることが公衆の面前に晒されました。二か月以上も危機の存在すら否定し、国としてパンデミックに備えることを何もしなかったのです。その結果、現時点でアメリカは世界で最も多くの新型コロナウイルスによる死者を出していますし、わたしたちの記憶にあるかぎり最も急激な景気後退を経験しています。いまアメリカの対応はヨーロッパに大きく後れをとっているのに、トランプはあたかも危機は終わったかのように振る舞っています。

トランプ現象のことで最も気がかりなのは、非常に多くのアメリカ人がすすんで彼に投票したことです。そしてアメリカ人の三五～四〇パーセントが、トランプに投票しただけでなく、彼のことを熱狂的なまでに愛しています。彼がつくりあげたこの個人崇拝を、わたしは非常に困ったことだと思っています。この男がカルト的に称賛されるようなことがアメリカで起こるとはまったく思っていませんでしたし、同胞の良識に疑問を覚えますが、見ての通りの状況です。トランプはいい人だとはとてもいえません。たとえば、これからの世代のために、子どもたちに彼のことを説明するとします。どの面をとっても、トランプよりひどい人間の例を挙げるのは非常に想像しにくいでしょう。子どもには正直であることを教えたいですし、道徳面で大きな目的意識をもってもらいたいですし、人格の中心には自分自身への関心以外のものをもっていてもらいたい。でもこの男は、人間に望まれる性格の特徴すべてにひとつ残らず背いています。おそらく、わたしがいちばん理解に苦しんできたのがこれです。わたしは民主主義に、とりわけアメリカの民主主義に大きな信頼を置いてきました。短期的には国民がばかげたことに賛成票を投じても、最終的には誤りを正してより賢明な選択をするようになると信じています。

十一月にジョー・バイデンが勝ちましたが、それでも問題は解決しないのでしょうか。

選挙の結果は、アメリカ社会のさらに深い分断を物語っています。民主党はトランプとトランプ主義に圧倒的な勝利を収めたわけではありません。おそらく現在、アメリカの体制の最大の弱点は、多くの共和党支持者がロシアよりも民主党のほうが自分たちの生き方にとって大きな脅威だと考えていることです。わたしにはまったく理解できません。トランプは共和党の圧倒的多数を説得して支持をとりつけました。おそらく、いちばんがっかりさせられたのがそれです。弾劾裁判では、告発通り明らかに有罪であったにもかかわらず、共和党によって無罪を勝ち取ることまでしました。トランプがアメリカの制度にもたらす脅威に気づいてしかるべき共和党支持者がたくさんいますが、自分たちが望むものを与えてくれるだろうというある種の利己的な計算によって、彼をすすんで受け入れているのです。

長期的な共和党の変化についてどうお考えですか？　昔は共和党候補に投票していたのでしょうか。

一九八〇年代にはレーガンとジョージ・H・W・ブッシュに投票して、ふたつの共和党政権で仕事をしましたが、二〇〇四年にはジョージ・W・ブッシュには投票しませんでした。二〇一〇年にカリフォルニア州に引っ越したときに政党を替えて、民主党員として登録しました。そうしたのは、〈ティーパーティー〉の台頭によって共和党が原形をとどめないほどに変わってしまったからです。わたしが敬愛していた共和党は、父ブッシュと、ジェイムズ・ベイカーやブレント・スコウクロフトといった人たちの党で、みんな確固たる国際主義者であり、民主主義を信じていました。有能な近代国家の存在がいかに重要か、わたしが以前よりはるかによく理解するようになりつつあった時期に、ティーパーティーは共和党をそれとは反対のほうへ向かわせて、国家を脅かしその権威を失墜させつつあったのです。

スタンフォード大学には、昔ながらの共和党系保守派シンクタンク、フーヴァー研究所があります。メンバーのほとんどがジョージ・ブッシュ的な共和党員で、右派ですが極右ではありません。自由市場を信じていて、比較的リベラルな移民政策などをみな支持していたので、トランプが当選したときには多くの人がショックを受けていました。けれどもいまでは、かなりの人が熱心なトランプ支持者になっています。これはある種の道徳的な妥協のためだと思います。規制緩和をしてほしい、もっといい連邦裁判所判事がほしいと言って、トランプがそれに応えたので、彼の経済政策を支持しているわけですが、文化的なことは考えていないのです。

これには失望していますか?

ええ、共和党支持者の友人の多くに失望しています。実にいらだちを覚えるのは、彼らの多くが自分の信条を曲げているからです。個人的に話をすると、「まあね、トランプのことは好きじゃないけど」と言うのですが、公の場ではトランプに批判的なことは何も言いません。

ドナルド・トランプの当選後、フクヤマさんの暮らしはどう変わりましたか?

そうですね、ドナルド・トランプがあまりにも不快なので、わたしは以前よりも政治に強く関心をもつようになって、日々の政治を追うようになりました。わたしだけでなく、多くの人にとってもっぱらの関心事になっています。わたしが比較的若いときには、政治はいまよりもう少し正常でした。少なくともわたしと知人のほとんどが予期していなかったことが、この数年でその前の二〇年間よりもたくさん起こったといえるでしょう。

「競争心が強く、同時に怒りに満ちたナショナリズムの世界に向かっていく危険がきわめて高い」とフクヤマさんは二〇一六年十一月九日に書いています。「もしそうなったら、一九八九年のベルリンの壁崩壊と同じくらい重大な局面になるだろう」[1]。トランプの当選は、〝歴史の終わり〟の主張とどう関係しているのでしょう。その主張は誤りだったと証明されたことになるのですか？

当選はいまだにショッキングですし、トランプが時間の経過とともにさらにひどくなっていくとは予想していませんでした。ひどい大統領になるだろうとは思っていましたが、どれだけひどい大統領になるかはわからなかったのです。わたしはすでに『政治の起源』と『政治の衰退』で『歴史の終わり』の見解を修正して、政治が衰退する現象を含めていました——つまり政治体制は発展の過程で後退することもあるということです。トランプがその一例です。

制度はおおむね機能してきたと思います。裁判所、メディア、選挙制度などは、それを破壊しようとするトランプの試みに耐えてきました。ただ、そうした試みはたくさん見られました。トランプは自分のＦＢＩ、司法省、司法長官、情報機関、官僚を攻撃してきたのです。主流メディアをアメリカ国民の敵と呼んでいます。弾劾裁判で無罪になったあとは、敵と見なす官僚たちをいたるところで粛正しはじめ、不正を監視する監察官を交代させました。ただ何より重要なのは、トランプはこれまで当選した大統領のなかで最も無能だということです。

『歴史の終わり』では、トランプと彼の不動産ビジネスに触れています。「共同体生活が衰退するにつれ、(中略)われわれは(中略)心配事もなく自分のことだけに夢中な「最後の人間」となってしまう恐れがある。しかし、それとは逆の危険性も存在する。つまり、人々がまた「最初の人間」に戻って、(中略)威信を求める戦いにむだな血を流すのではないかという危険性である。(中略)仮に人がドナルド・トランプのような土地開発業者(中略)になってしまえば、まだ汲みつくし得ない理想主義――いやそれどころか手も触れられていないような理想主義――はもう残されていないものなのだろうか?」[2]。これを書いたのは一九九二年のことです。その二五年後にトランプがアメリカ大統領になるとは思っていなかったでしょう。トランプについては何が起こったのだとお考えですか? 彼が大統領にのぼりつめる道は、どのようにしてひらけたのでしょう。

道はいつもひらけています。だれだって政治の世界に入っていけるのです。トランプは特別それに関心をもっているわけではないとわたしは思っていました。しかし、明らかに関心があったわけです。トランプがトップにのぼりつめていない、ある意味で唯一の領域が政治でした。彼はそこにものぼりたかったわけです。実のところ、不動産開発業者としては失敗しています。そこで、二〇〇〇年代にはテレビのリアリティ番組のスターになった。しかし政治はまだきちんと挑戦したことのない分野だったのです。

いま振り返って、ドナルド・トランプの大統領当選をどのように説明しますか?

すでに論じたアイデンティティの問題に加えて、アメリカには人種の問題もあって、トランプはそれを積極的に利用してきました。労働者階級の白人の多くが、自分たちが育ったアメリカがどうやら目の前で消えつつあると感じています。彼らはそれをいやがっていて、その憤りをトランプが利用してきたわけです。またこれは、アメリカの政治体制とも関係しています。ドナルド・トランプが当選するずっと前から、利益団体やロビイストのせいで体制がうまく機能していませんでした。議会での議論と政党間の策略が延々とつづいていて、一般市民の福祉を向上させるのに求められる困難な決断をしてこなかったのです。この二〇年間で政治は行き詰まり、分断がすすんできました。その結果、この状況を打開してやるべきことをやる強い人物と、決断力ある政府が求められるようになったのです。

トランプのその種の承認欲求が、有権者の相当部分の承認を失っているという感覚と重なったのは、歴史上のある種の偶然なのでしょうか。それとも、これは単なる不幸な一致ですか？

これはただの偶然です。必然性があったわけではありません。選挙は非常に接戦でしたし、対立候補が力不足でした。

トランプの当選を防ぐことはできたのでしょうか。

ヒラリー・クリントンはもっとうまく選挙戦を展開できたでしょうし、民主党は別の候補を立てることもできたと思います。バイデンが二〇一六年に出馬すべきでした。

トランプの支持者は、キリスト教保守派、ナショナリスト、保護貿易論者からなっています。アメリカの有権者の分断は、ドナルド・トランプが当選したことでどう変化したのでしょう。

ドナルド・トランプは大きな怒りを抱えた有権者を結集させました。国民のおよそ三分の一を超えることはないでしょうが、それでも彼らはいまかなり怒って取り乱していて、トランプが大統領を退任したあとも投票者の集団として消滅することはないでしょう。これはアメリカの未来にとって厄介です。分断を広げるもののひとつですから。トランプによってこの分断がはっきり目に見えるようになったのです。

二〇二〇年の選挙で
民主党が勝利したあとも深い分断はつづく

二〇二〇年の大統領選でジョー・バイデンの当選が確実になったあと、フクヤマさんの最初のツイートは「悪魔払いを終えたような気分だ」というものでした。その後はいかがですか？

わたしも、わたしのような多くの人も、バイデンの勝利に大喜びしてそれを祝っています。けれども、七四〇〇万を超えるアメリカ人がトランプに投票したのであって、多くの人がバイデンの圧勝を望んでいたのですが、そうはなりませんでした。いま共和党支持者は、選挙は不正だったというトランプの主張を支持して結集しています。それが事実だという証拠はこれっぽっちもないにもかかわらずです。ですから、いまもやはり問題はあります。

アメリカの共和党の長期的な状況について、どのようにお考えですか？

非常に長い目で見ると、よい状況ではありません。ドナルド・トランプに投票するのは、国全体のなかで衰退している集団だからです。教育水準が比較的低く、地方に暮らす人が多くて、チャンスも少なく、人口に占める割合も減っている。多くの共和党支持者は、人口構成が大きく変化するなかで、将来的に自分たちが敗者の側にまわることをわかっています。だからこそ権力の座にとどまる力を必死に守ろうとして、民主党に投票するであろう有権者の公民権を剝奪したり、自分たちに都合よく選挙区を改変したり、投票時に身分証明書の提示を求める法律によって、民主党に投票しそうな有権者の投票資格を奪ったりしてきたわけです。しかしこうした長期的な計画には問題があります。短期的に生き残らなければ、そこまでたどり着けないのです。これは非常にむずかしいでしょう。

いまふたつの政党は、以前よりはるかにイデオロギー的に近いところにいて、ある意味では共和党は白人高齢者の政党になりつつあり、民主党はさまざまなマイノリティ集団の非常に多様な連合体になりつつあって、そこには進歩的な女性、高い教育を受けた専門職従事者、若い世代の有権者なども含まれます。全体的に見てこれは、政治がふたつに分かれるあり方として健全とはいえません。どちらの側でも不安がさらに高まるからです。人種による分断の亡霊をよみがえらせたという不安です。アメリカには人種対立のきわめて根深い歴史があって、それが政治を特徴づける傾向にあります。トランプはアメリカの人種間関係について、一種の人種主義的な解釈をあてていどまで常態化させました。ジョージ・フロイド事件への抗議に対する彼の反応や――デモ参加者を撃てと呼びかけたのです――南部連合関連の像を擁護する彼の発言を見てください。

アメリカの将来について、どうお考えですか。

バイデン大統領のもとであっても、アメリカは政治の分断に悩まされるでしょう。国内の三分の一もの人が怒りと憤りを覚えたままでいることになりますし、多くの人が選挙の正統性に異議を唱えて、暴力的に抗議する人までいました。バイデンは感染症と深刻な不況に苦しむ国を引き継ぐことになり、政府が非常に広く援助を提供するなかで、社会全体がその分配をめぐって大きな対立に陥ることになるでしょう。

国際舞台からアメリカが撤退することで地球規模の問題が起こる

フクヤマさんが問題視していることのひとつが、ドナルド・トランプのもとでアメリカが国際協定から撤退していることです。ただ、これは長期的なプロセスの結果かもしれないと指摘しています。

ええ、アメリカの行動が変化してきたのです。第二次世界大戦後にわたしたちがそのもとで暮らしてきた国際自由主義秩序と呼ばれていたものを考えると、北大西洋条約機構（NATO）や世界貿易機関（WTO）といった組織をつくるにあたっては、アメリカが決定的に重要な役割を果たしました。この種の機関を実際につくるには、ほかのすべての国よりも大きくて強力な国がひとつ必要です。この数十年間、アメリカがまさにその役割を果たしてきたわけですが、アメリカはこの体制に見切りをつけはじめました。実のところ、それがはじまったのはトランプより前のことです。外交政策では、ドナルド・トランプはバラク・オバマとさほど変わりません。オバマは中東から撤退したくてたまらなかったのです。実際にはできませんでしたがそれを望んでいて、アメリカの外交政策をアジアに集中させたがっていました。どちらも認めたくないでしょうが、オバマの外交政策とトランプの外交政策にはかなりの連続性があります。アフガニスタンとイラクへの軍事介入に失敗した結果、多くのアメリカ人が、アメリカに明確な利益がないのに、なぜ息子や娘をはるばる遠くに送って戦わせ死なすことを求められているのかと疑問を抱くようになったからです。ただ大きなちがいは、トランプが多国間機関を嫌っているのに対して、オバマはまったく嫌っていなかったことです。バイデンの政策はオバマの政策と非常に似かよったものになると思いますが、おそらくヨーロッパの同盟諸国とより密接に連携することになるでしょう。

イラクとアフガニスタンへの軍事介入もひとつの要因ですが、経済でもさまざまな失敗があります。

そうですね、アメリカはこの三〇年間で、外交政策でも経済政策でも非常に大きな過ちをいくつか犯しています。外交政策における最大の過ちは二〇〇三年のイラク侵攻です。このせいでアメリカは、その地域に長期的に関与することになりました。それに先立ってアフガニスタン侵攻がありましたが、イラク侵攻ははるかに重大な結果を招きました。中東の大部分で安定を揺るがして、イランとシーア派、またISISやその他のイスラム過激派の台頭につながったのです。これらはすべて、ブッシュ政権によるイラク侵攻の意図せぬ結果です。アメリカが犯したふたつ目の大きな過ちは、金融市場の規制緩和を決めたことから生じました。これは一九九〇年代にまでさかのぼります。こうした政策決定が最終的に二〇〇八年の金融危機につながり、一般市民の所得に大きな打撃を与えたのです。

アメリカは、一九八九年から二〇〇八年までの二〇年間、多くの義務を果たしていなくて、不幸なことに、覇権主義的な指導者をもつことになりました。アメリカ人にとってこれを理解しておくのは重要です。これらはゆっくりすすんできた変化で、世界の性質に影響を与えてきました。現実が異なっていたらと想像してみましょう。イラクに侵攻せず、アメリカの銀行部門を慎重に規制していたら、二〇〇八年の危機は起こらなかったでしょうし、ドナルド・トランプが大統領に当選することもなかったと思います。エリートは実際、大きな過ちを犯しているのです。アメリカの場合は確実にそうでした。

アメリカが国際システムを率いるのをやめたら、どこが代わりを務めるのですか？　中国でしょうか。

中国がじゅうぶんに代わりを務められるとは思いません。

中国とアメリカの貿易戦争は、どのような結果につながると考えていますか？

長期的には中国は、ロシアやイスラム過激主義よりも大きな課題になるでしょう。自分たちが何をしているか、ちゃんとわかっているからです。中国は非常に強力で現代的なハイテク経済を創出できます。巨大な国です。中国に対処するのはきわめて困難な課題になるでしょう。トランプの方針のなかで多くの民主党員が支持してきたのが、中国に毅然と接することと貿易を武器として使うことです。これは興味深い。わたしはアジアをよく訪れます。アジアの民主主義支持派の人たちとたくさん話しましたが、その多くが中国人で、彼らは貿易戦争が大好きです。中国の共産党指導部の注意をひくにはそれしかないと言います。

バイデンのもとで、アメリカは国際的な覇権者としての役割を取り戻すのでしょうか。

アメリカの同盟諸国がかつてアメリカの責任感に寄せていた信頼を取り戻すのは、たとえバイデン大統領のもとでも不可能だと思います。ポピュリストと孤立主義を支持する有権者がまだたくさんいることも、かつての超党派の国際主義が崩壊したことも、同盟国はすべて知っています。二〇二二年あるいは二〇二四年に共和党が復活する可能性もあります。ですから、アメリカがかつての役割を取り戻すのはむずかしいでしょう。

ナショナリズム台頭の文脈のなかでアメリカの孤立主義を考えると、国際協力を成功させるのは今後さらにむずかしくなるのでしょうか。

ナショナリズムの台頭は、国際協力にとって非常にマイナスです。ようするにまず自分の国に気を配るということですから。目先のことしか見えなくなります。この傾向は、新型コロナウイルスのパンデミックと、そこから自然と生まれる外国人への警戒心によってさらに顕著になっています。ただ単に善意から、あるいは道徳的に求められる何かを満たすためだけに、他国と協力する国はありません。協力するのは利己心からです。ほかの国と協力しなければ、国際保健の問題を解決できなかったり、マネーロンダリングを取り締まることができなかったり、国際社会が直面するあらゆる問題に対処できなかったりするとわかっているわけです。長期的な利益のために短期的に主権を犠牲にするかどうかの問題です。とりわけアメリカでは、ドナルド・トランプによってこの利己心の理解が狭められました。非常に事務的で、ようするに特定の協定によってアメリカがお金を儲けられないのなら、単純にそれには関与しないというわけです。歴史上アメリカが果たしてきた役割を考えると、これは非常によくないことです。

三〇年前よりも状況は悪化しているという結論でいいでしょうか。

ええ、保護貿易主義の高まりは国際政治に影響すると思います。アメリカはグローバリズムの台頭に過剰反応しているところです。ドナルド・トランプはどこにも関与したくなく、国際機関を信じていないのです。これは国際機関とその運営にとってあまりいいことではありません。アメリカは国際主義から離れて、その反対の極へとむやみに向かっています。

＊＊＊

これまでのところ、フクヤマが二〇一七年に提示した「アメリカの民主主義はトランプに耐えられるほど強力なのか」という問いへの答えは「イエス」であるように思われるが、アメリカの政治情勢がかつてなく分断化されているのは明らかである。ドナルド・トランプが当選する前からアメリカ社会に潜在したさまざまな問題が、彼の大統領任期中に顕在化した。次に取り上げる大きな傾向は、トランプの台頭に深く関係するものである。彼ほどソーシャル・メディアを活用した大統領はいない。

注

1 "Democracy and Its Discontents."

2 Fukuyama, *End of History*, 328.（フクヤマ『歴史の終わり』下巻、二三九頁）

5 オーウェル『一九八四年』のディストピアは現実になるのか

次に取り上げるのは、ベルリンの壁崩壊後三〇年のあいだに起こった最後の大きな変化である。民主主義諸国、政治、労働市場、貿易に起こったさまざまな変化、またとりわけ公の論争にも見られた多くの変化の根底にあるのがこれだという人もいるかもしれない。従来のメディアとソーシャル・メディアの役割が劇的に変化したのである。『人間の終わり』でフクヤマは次のように論じる。「『一九八四年』の世界の間違い探しは、難しくない。主人公ウィンストン・スミスは、何よりねずみ嫌いで知られている。そこで彼に恋人を裏切らせようと、ビッグ・ブラザーは、ケージの中でねずみが顔に噛みつく仕掛けを作るのだが、これはいかにも古典的専制政治の世界ではないか。テクノロジーの差こそあれ、人間の歴史でも同様のことは既に起こってきた」[1]。しかし同じ本では次のようにも書いている。「情報テクノロジー（I

T）は多くの社会的利益を生むわりに害は小さいから、政府規制は最小限で済む」[2]。この状況は大きく変化した。

情報の力が民主主義の敵に占有される

二〇〇二年に『人間の終わり』を書かれてから、当然ながらいろいろなことが起こりました。現在のソーシャル・メディアとインターネットについてはどうお考えですか？

弁証法的なプロセスが見られます。初期には民主主義にとって非常に望ましいものであって、多くの権威主義的指導者におおいに恐れられていました。だからこそロシアと中国は、それを管理する方法を編み出したわけです。中国は体制を脅かさないように国内のインターネット利用者を根本的に管理する方法を考え出し、ロシアはそれを地政学上のライバルに対して使える武器にする方法を見つけました。どちらの場合も振り子は以前と反対の方向に振れていて、現在はアメリカ国内でも多くのアクターがソーシャル・メディアを武器として使いはじめています。いまはだれもがこれから身を守る術を考え出そうとしていて、どこかの時点で振り子はまた元の方向に振れはじめるのではないでしょうか。

情報技術の発展についてはどうお考えですか？

一九九〇年代にインターネットが最初に広く使われだしたとき、これは民主主義にとってすばらしいことだとだれもが思いました。情報は力だからです。わたしを含めてだれもが、これは民主主義にとってすばらしいと思った。すべての人の机にコンピュータがあれば、みんな力を得て、情報を入手し、参加できるようになります。人びとが力を獲得し、結集できるようになって、政府に説明責任を果たさせることが可能になる。実際、そういったことがたくさん起こりました。いまはほとんどの民主主義国が厖大な量の情報をオンラインで公開していて、市民は政府が何をし、どのように物品を調達し、いかに互いにやり取りをしているのか知ることができます。抗議運動の多くは、それを支えるソーシャル・メディアがなければ不可能でしたが、一方で悪者もこうしたテクノロジーを使う方法を考え出しています。

二〇〇四年、Facebookが人と人をつなげることを使命として登場しましたが、いまはその否定的な側面についてさまざまなことが語られています。権力、税金、アルゴリズムといったことです。何が起こったのでしょう。

この数年で、民主主義の敵もテクノロジーの使い方を考え出したことがわかりました。かつて人びとが目にする情報をコントロールしていた編集者、出版社、主流メディアといったヒエラルキーが取り除かれて、だれもがなんでも発表できるようになったのです。その結果、望ましくない情報を目にすることが多くなり、そうした情報のなかには、敵と見なす相手を傷つけようとする者が意図的に流したものもあります。この数年間、プーチンのロシアがヨーロッパのほかの民主主義諸国とアメリカに対してやってきたのがこれです。

しかし、これとは反対の傾向もあります。だれもがなんでも発言できて、世界中でほぼすべての人がインターネットを利用できるのは事実です。けれども、人工知能（ＡＩ）と機械学習の台頭によって、もともとのパソコン（ＰＣ）革命とは反対のほうに向かっています。ＰＣ革命は民主的で、コンピュータの力をすべての人に広めました。ＡＩはその反対です。こうしたテクノロジーを使う力が大企業や大国に集中しているのです。それがＡＩの大きな問題です。とりわけ、人間が介入することなくみずから変更を加えられるプログラムは問題です。自動車のように部品をすべてばらしたあとにまた組み立てて、その仕組みを正確に知ることができるようなものではありません。複雑なアルゴリズムがあり、そのアルゴリズムもまた別のさまざまなアルゴリズムによってつくられていて、そこから何が導き出されるかはわからないのです。透明性がありません。

ロシアに言及されましたが、中国も関係していますね。

ええ、中国は人口がとても多いので非常に有利です。ノルウェーのような小国にはアクセスできない何ペタ（10^{15}＝１０００兆）バイトものデータを処理できます。中国はインターネットを使ってインターネットをコントロールする仕組みを編み出しました。これは小規模でやっても意味がありません。この種のデータをほんとうに活用できるのは、大きな組織や国だけです。中国のような大国や、Facebook や Google のような大企業ですね。それに対応して、権威主義国家や巨大企業へと権力が移行しています。このこと自体、長期的に民主主義を脅かすとわたしは考えています。

規模、権威主義的政府、テクノロジーの可能性が組み合わさると有害だということでしょうか。

ええ、中国にはインターネット利用をめぐる非常に包括的な検閲と社会統制の仕組みがあり、それどころか中国はいまや最新技術を使って全国民の行動を絶えず管理する監視国家になっています。それに当然ながら、中国がつくろうとしている類いの監視国家は前例のないものでもあります。中国はあらゆる最新技術を使って人びとの行動を監視し管理しようとしているのです。ソ連ができたよりもはるかに細かくです。新型コロナウイルスのために、人びとの振る舞いを監視するこの種の技術を利用する動機も高まっていて、これは今後もおそらくつづくでしょう。

フェイクニュースと政治的干渉によって、分断が広がり不安が生まれる

フェイクニュースはずっと昔からありますが、インターネットとソーシャル・メディアによって、

わずか数秒間で何百万もの人にそれが届くようになりました。これについてどのようにお考えですか。

もちろんフェイクニュースは昔からありました。けれどもいまは、インターネットの台頭以前と比べて、その拡散のスピードと規模が桁ちがいです。さらに、民間のインターネット・プラットフォームは情報を拡散させることに商業的な関心をもっていて、フェイクニュースは最もよく拡散される情報であることが多いのです。ロシアがやっているのは、多くの場合これとは異なります。フェイクニュースをつくるのではなく、福音派のキリスト教徒やブラック・ライヴズ・マターの活動家を装い、アメリカ人がつくり出す過激な考えが拡散するのをただ加速させて、既存の分断を広げようとしているのです。

ロシアはアメリカを含む国外でテクノロジーを使って妨害活動をしています。なぜそんなことをするのですか。

ロシアは敵と見なす者に対してテクノロジーを使用して、制度への信頼を低下させ、選挙に対する不安を煽り、アメリカやイギリスなどほかの民主主義諸国の国民の分断をさらに深刻化させているのです。

現在進行中のアイデンティティの政治についてお話をしてきましたが、ロシアはそれをあと押ししているということでしょうか。

ええ、インターネットはそれ自体が分断の源になりました。インターネットはこの新しいアイデンティティの政治にまさにぴったりの媒体で、そこで人びとはほかの人と話して意見を共有できるからです。自分たちと意見が異なる人の話は聞く必要がありません。インターネットは社会をさまざまなアイデンティティ集団に分割する動きを強める傾向にあって、共通の感覚や市民としての感覚をすべて弱めます。

この分断によって、アメリカは他国からの干渉を受けやすくなりました。ロシアが二〇一六年の選挙に干渉したのはまちがいありません。分断を際立たせ、国民が政府と同胞を信頼しにくくなるようにするのがロシアの目的です。二〇一六年の選挙期間中、わたしはTwitterで@TEN_GOPというアカウントをフォローしていました。テネシー州の共和党のものだと思っていたのですが、実はサンクトペテルブルクの荒らしのアカウントでした。非常に巧みなもので、わたしは六か月間このアカウントのツイートを読んでいたのですが、すべてのツイートはアメリカ人が書いていると思いこんでいました。でも実は、インターネット・リサーチ・エージェンシーで働くロシア人がツイートしていたのです。

いわゆるエコーチェンバーのなかでほかの人を排除するとしたら、それもアイデンティティの政治と結びつくのでしょうか。

エコーチェンバーによって、非常に小さなアイデンティティ集団の人たちが互いに知り合うことができるようになり、自分たちはほかから切り離されているという感覚が、ある意味、増幅されます。たとえば、インセルのことはご存じでしょうか。女性とのつながりがもてず不本意に禁欲状態に置かれている若い男たちのことです。学校銃撃犯のなかには、この集団の一員だった者もいるといいますが、二、三年前には、こうした集団が存在することをだれも知らなかったでしょう。彼らは互いにインターネットで知り合い、連絡を取り合って、不満をさらに募らせているようです。民主的な熟議の土台となるのは事実に基づいた情報ですが、その共通基盤すらないときには、こういったことは非常に気がかりな現象です。

ノルウェーには、このような情報の分断はありません。情報の分断によってアメリカ社会はどう変わったのでしょう。

いまアメリカで暮らしていたら、完全にほかから切り離された情報圏で生活することになってもおかしくありません。『ニューヨーク・タイムズ』紙、CNN、MSNBCが提供する一連の事実によって形づくられた世界で暮らすことになるかもしれない。フォックス・ニュースを見ていたら、それとは完全に異なる事実に触れることになります。いまは共和党支持者ならフォックス・ニュースを見て、地球温暖化は起こっていないと考える。そんなことはすべてリベラル派の陰謀だというわけです。

より最近では、新型コロナウイルスが深刻な問題だとは信じない。CNNやMSNBCを見て『ニューヨーク・タイムズ』紙を読んでいたら、陰謀はその反対のほうに向かっていると考える。このふたつが道徳的に同等だと言いたいわけではありません。右派のほうがずっとたちが悪い。とはいえ、この情報の分断は、わたしたちが目にしている極端な二分化に深く根ざしていると思います。

そしてFacebookの力では、質の高い情報を得やすくはできない?

マーク・ザッカーバーグは責任を認めて、Facebook上の広告の検閲をはじめるべきです。彼は――少なくとも短期的には――あまりにも強力すぎるからです。こうしたインターネット・プラットフォームは、ほかの人の意見をただ伝えるだけの中立的なプラットフォームだというふりをして大きく成長してきました。しかしそれらにはとてつもない力があって、特定の情報をほかの情報よりも拡散させることができます。そうした企業の基本的な仕事は収入を最大化することであり、クリックを稼げるプロモーションを販売することでそれを実現します。多くの国では、FacebookとGoogleが人びとのコミュニケーション手段になっています。Facebookにログインしなければ人びとに向かって政治のことを語れない国もあります。その結果、独占の問題も生じているのです。Facebookは Free Basicsを通じて基本的にフィリピンを乗っ取りました。これに気づかなかった人もたくさんいます。Facebookがフィリピンに参入したのはわずか数年前ですが、いまはおよそ九五パーセントのフィリピン人がそれを使っているのです。フィリピンの権威主義的な大統領、ロドリゴ・ドゥテルテは

Facebookを使って敵を攻撃していて、おそろしく効果的にそれをおこなっています。こうした傾向ははじまったばかりです。

バイオテクノロジーによる監視の濫用と野放しの独占

『IDENTITY』の次のくだりにフクヤマさんの論点が示されています。「さいわい、ディストピア小説が現実になることはほとんどない。ただ、いまの傾向が続けばどうなるのか、それを誇張したかたちで想像できると、未来への警告として役立つ。『一九八四年』は、避けるべき全体主義的な未来の強力なシンボルとなり、それを予防する手助けと[3]なる。二〇〇二年には『人間の終わり』で生物学的技術の発展と監視技術の発展を対照させていました。いまもバイオテクノロジーのほうが深刻な脅威だとお考えですか?

いまバイオテクノロジーは大きな問題で、バイオテクノロジー革命の実現には思ったよりも時間がかかっていますが、それが起こるのは確実です。実のところバイオテクノロジーは、ソーシャル・メディアよりも深いところで影響を及ぼしています。

安心が得られるとするなら、広範囲にわたる監視にいまなら賛成しますか?

いいえ、みんなそれはいやがります。ただやはりこれも、行きつ戻りつするもののひとつです。テロ攻撃のあとはみんな安全を望みますが、その後、監視が強化されていくと、それが濫用されるのをいやがるのです。プライバシーが基本的権利として基本法に組みこまれているヨーロッパでは、この感情がさらに強くあります。それゆえ一般データ保護規則（General Data Protection Regulations：GDPR）が制定されたのです。アメリカにも同様のものが必要です。

フクヤマさんは、グーテンベルク、ベル、印刷機、電気がわたしたちの世界の見方を一変させたと論じています。こうした技術革命はいずれも、情報を使い理解する方法についてのものですね。

これらの技術革命はすべて似ています。イノベーションが起こる。すると大きな混乱が生じて、その混乱への対処法を社会が考えるには長い時間がかかります。印刷だけでなく、テレビやラジオも同じでした。そして蒸気機関と同じく、こうしたものはすべて社会をとてつもなく大きく変化させます。わたしたちは、そうした課題に適応する術を絶えず模索しているわけです。一八七〇年から一九七〇年のあいだに生まれた主要な新技術は、その後に起こったどんなことよりはるかに破壊的でした。

編集の手が入った信頼できるメディアがある〝ハーバーマス的〟公共圏[4]を再生することはできるのでしょうか。

ずっとむずかしくなると思います。かつてほど制度が信頼されていませんし、事実も以前ほど権威に支えられていませんから。共有された公共空間のようなものを復活させるにはどうすればいいのか、わたしにはよくわかりません。問題は、根底にある社会的・政治的対立によって、偽の情報がたくさん供給されていることにあります。エリートに強い不信感を抱くポピュリスト運動がそもそも存在しなければ、フェイクニュースはさほど問題にならないでしょう。フェイクニュースに影響力があるのは、人びとがそれをいまのように用いる動機があるからです。

それに情報が簡単に手に入ると怠けてしまって、ほかの視点から見た別の情報を探す気がなくなりかねません。人びとを教育しなければならないのでしょうか。

いまスタンフォードでは、この問題のあらゆる面を検討しようとする大きな研究プロジェクトが進行中ですが、どのような答えが出るのか、現時点ではまだわかりません。多くの研究で示されているのは、党派心の強い人は、自分自身の考えをさらに強化するのに認知能力を使うということです。人間はみな理性的な個人であって、外の世界から情報を受けとり、その経験的な情報と一致する理論をつくりあげる、そんなふうにわたしたちは考えています。残念ながら、実際にはそうはなりません。人間は強固な意見から出発して、認知能力を使ってその意見を正当化するのです。それゆえ、場合によっては賢くて高い教育を受けた人のほうが、つきつめてみればまちがっている意見に実際、納得してしまうことがあります。

ものの見方の問題は、ある意味では教育と批判的思考に関係している?

そうかもしれませんが、それだけでじゅうぶんかはわかりません。しかるべき人を実際に教育できるとは考えにくいのです。厄介者をみんな教育して、自分と同じように考えるようにさせるなんてことはありえません。ですから、それがほんとうに可能だとは考えにくい。解決策の一部にはなるかもしれませんが、それだけで足りるとは思いません。ほかのことも必要になります。

何が解決策になりうるとお考えですか?

先に触れたように、AIの恩恵を受けるのは、厖大な量のデータにアクセスできる巨大企業と中国のような大国です。実は、いまのわたしの研究課題は、こうしたインターネット・プラットフォームの競争政策を検討することです。かつては、たとえば石油産業部門を握る独占企業がありましたが、Amazonのような企業は、望むものはなんでも独占できます。厖大な量の消費者データをもっているからです。書籍からおむつや食料品へ移行したければ、実際にそうできる。これは非常に新しい経済力の集中で、国の枠に縛られることすらありません。Facebookは一〇〇を超える国で支配的な企業になっているのです。そして、繰り返しになりますが、この種の民間の権力は以前は存在しませんでした。そこには厄介な側面がたくさんあります。この分野のインターネット規制に関しては、ＥＵはアメリカよりはるかに積極的だと言わなければなりません。アメリカでは一般に、国の力で民間部門を規制するのに消極的だからです。とはいえ規制はすすみつつあります。実はシリコンバレー自体でも、Facebook や Google といった企業の役割についての意見は、この一八か月で一八〇度変わりました。かつては、すべての人にとって基本的に望ましい企業だと見なされていました。お金を生み出すし、民主主義にとってもプラスになると思われていたのです。いまは、連邦取引委員会、司法省、州検事総長から多数の大きな独占禁止法訴訟を起こされています。

＊　＊　＊

本とともに育ち、ものを書き、教え、民主主義の価値について語ってきたフクヤマのような人物にとって、技術の進歩によって分断が広がり、インターネットが権威主義政権、ポピュリスト、ＦＡＡＮＧ企業（Facebook、Amazon、Apple、Netflix、Google）のきわめて強力な道具になったのは、もどかしいことにちがいない。フクヤマはどのようにして世界で最も多作な政治思想家のひとりになったのか、次はそれを探りたい。

注

1 Fukuyama, *Our Posthuman Future*, 5.（フクヤマ『人間の終わり』、六〜七頁）

2 Fukuyama, 11.（フクヤマ、一四頁）

3 Fukuyama, *Identity*, 182.（フクヤマ『ＩＤＥＮＴＩＴＹ』、二四二頁）

4 Habermas, *Structural Transformation of the Public Sphere*.（ハーバーマス『公共性の構造転換』）

6 フクヤマはヨーロッパの古典的自由主義者なのか

フランシス・フクヤマの父方の祖父は、日露戦争を逃れて一九〇五年に渡米した。ロサンゼルスに店をひらいたが、第二次世界大戦中に強制収容されているあいだにその店を失う。フクヤマの父、喜雄は一九二一年生まれで、家族とともに強制収容されることなく、奨学金を得てネブラスカで学んだ。その後、会衆派の牧師としての訓練を受け、シカゴ大学で社会学の博士号を取得して、シカゴ神学校で教員を務めた。喜雄はシカゴで京都生まれの河田敏子と出会う。日本の著名な経済学者で大阪商科大学〔現在の大阪市立大学〕の学長、河田嗣郎の娘である。ふたりは一九五〇年に結婚し、一九五二年にフランシス・フクヤマが生まれた。フクヤマはほぼニューヨーク市で育ち、その後、一九六七年に一家はペンシルヴェニア州ステート・カレッジに移った。

フクヤマはコーネル大学でアラン・ブルームのもと政治哲学と古典を学ぶ。

ブルームとポール・ウォルフォウィッツと最初に出会ったのは、コーネル大学のテルライド・ハウスで暮らしているときのことだった。大学卒業後、フクヤマはパリに留学してジャック・デリダおよびロラン・バルトのもとで学ぶ。イェール大学で比較文学の研究をつづけ、ポール・ド・マンの指導を受けた。ニューヘイヴンに到着後ほどなく、人文学と文学をやめて今度はハーヴァードで政治学を学ぼうと決意する。そしてそこでソヴィエト連邦の中東外交政策について博士論文を書いた。ハーヴァードではサミュエル・ハンチントンと出会い、ファリード・ザカリア、ギデオン・ローズ、エリオット・コーエンを含む友人たちと交流する。のちにワシントンDCに移って国務省の政策立案スタッフとして働き、そこでルイス・〝スクーター〟・リビーと出会った。

多くの点で、フクヤマはアメリカ人らしくない。思想の面でも知へのアプローチの面でも、ヨーロッパ人のように見受けられる。フクヤマは典型的なアメリカの知識人なのか。それとも、ヨーロッパの古典的人文学者なのか。フクヤマの経歴と教育は、彼の知的発展にどのような役割を果たしたのだろうか。

古典教育

フクヤマさんの個人的な経歴は興味深いです。政治学者として出発したわけではないのですよね。最初に関心をもったのは古典と文学でした。フクヤマさんは、人文学的な感性をもち古典教育を受けた観念論者だと呼ばれてきました。これは正しいのでしょうか。

ええ、その通りです。非常に大きな影響力をもつ教師に出会い、その人たちからたくさんのことを学べたのは、ほんとうに幸運でした。ひとり目がアラン・ブルームです。政治思想家で、レオ・シュトラウスの弟子ですね。わたしがコーネル大学の一年生だったとき、いちばんはじめに履修した授業がプラトンの『国家』についてのゼミで、プラトンやアリストテレスを原書で読めるように古典を専攻してギリシア語を学ぶよう説得してくれたのがブルームでした。その後、実際にその道を歩むことになります。

フクヤマさんはカール・マルクス『資本論』の初版本を受け継いでいて、お母さまはベートーヴェンを聴いていたと『ガーディアン』紙に語っています。[1] 戦後のアメリカで育った思春期に、最も重要で強い影響を受けた経験は何ですか？

母は一九四九年にアメリカに来ました。一九一七年生まれで、日本で育ったのです。母の父親は河田嗣郎という非常に有名な経済学者で、日本でトップレベルの大学である京都大学の経済学部創設に携わっています。明治維新のときにヨーロッパへ派遣された世代の人です。ドイツ語を学んで、第一次世界大戦前にドイツに渡っています。そこで社会思想家ヴェルナー・ゾンバルトの蔵書を買い取ったのです。マルクスの『資本論』はゾンバルトの蔵書でした。実は祖父は蔵書を日本の大学に寄贈したので、『資本論』もそこにあります。そのころ日本は近代化をすすめていて、西洋のことをなんでも学びたがっていたのです。わたしの先祖のことを振り返ると、みんなすでに西洋化されていました。非常に異なる文化的伝統に出自をもつ直接の先祖はいないと思います。

そうした人たちと、ヨーロッパ由来の思想に親近感があるのですね。

ええ、わたしの人生にはずっとそれがついてきています。

（インタビューをした研究室は本でいっぱいだった。『資本論』のほかに強い印象を受けた本があるかとたずねると、フクヤマはわたしのそばの棚を指さした。そこには社会学の古典がぎっしりつまっていて、本の背にはマックス・ウェーバー、カール・マルクス、フェルディナント・テンニエスといった名が記されていた。）

若いとき、母からフェルディナント・テンニエスの『ゲマインシャフトとゲゼルシャフト』[2]の考えについて聞かされたのを憶えています。母はヨーロッパの社会理論をたくさん学んでいて、宗教社会学の学位をもっていた父もそれは同じでした。実際、わたしの本棚を見てもらえば、マックス・ウェーバーの本がたくさんあるのがわかるでしょう。父から譲り受けたもので、たとえばそこにあるウェーバーの『マックス・ウェーバー――その人と業績』〔H・ガース、ライト・ミルズ共著、山口和男、犬伏宣宏共訳、ミネルヴァ書房、一九六二年。英語版ではガースとライト・ミルズによる解説ののちにウェーバーの著作の英訳が収録されているが、邦訳ではその部分は省略されている〕もそうです。

実際こうした本に囲まれて育ったのですか？

ええ、母は社会福祉の修士号をとっていますので、もっと実際的なことをやろうとしていたわけですが、日本にいたときは非常に西洋的な教育を受けてもいました。京都でキリスト教系の大学に行っていたからです。実は、不思議なことでまったくの偶然だとは思うのですが、父方の祖母もキリスト教に改宗しています。

それは珍しいことなのですか？

ええ、非常に珍しいことです。

そうした背景をもって、みんなアメリカにやってきたのですね。

そうですね、父は任命されて会衆派教会でプロテスタントの牧師になりました。会衆派は非常に進歩的なプロテスタントの宗派で、いまはキリスト連合教会と呼ばれています。それが原因になって、わたしと父のあいだに軋轢が生じたのを憶えています。いまわたしは長老派に所属していますが、教会には通っていません。

民族の分け隔てはなかった

――フクヤマは、アイデンティティの政治がいまほど強力でない時代のアメリカで育った。そこでは、自分のことを異なる民族としてではなく、アメリカ人として考えるのがより一般的だった。

自分はほかの人とちがうと感じなかったのはなぜですか?

事情は少し複雑です。わたしは非常に国際的で多文化的なニューヨーク市で育ったからです。一九六〇年代の当時も公立の学校はあまりよくなかったので、わたしは私立の学校に通いました。一九六〇年代以降は、自分の民族的アイデンティティを保って、それを安易に手放さないようにするのが以前よりずっと流行になりました。つまり引きつづき自分の先祖のことばを話して、あるいは学ぼうとして、自分たちのコミュニティにとどまるということですが、わたしが若いときにはそんな状況ではありませんでした。日本人コミュニティに参加したことはありません。ニューヨーク市にはそうしたコミュニティがほとんどなかったので、そもそも不可能だったのです。

アイデンティティの問題に直面したことはありますか？

一二歳のときにペンシルヴェニアに引っ越しました。広大な農業地帯のど真ん中で、生徒の半分はペンシルヴェニア州立大学の教員の子ども、残りの半分は農家の子どもでした。実のところ学校では、勉強の面ではこのふたつの集団は別々にされていました。クラスで農家の子に会うことはなかったのです。

その子たちと関わることはありましたか？

そうですね、興味深いことに、たしかに人種に関係することがありました。アジア系であることを理由に農家の子たちにからかわれたりだとか、そういったことです。ニューヨーク市とは大ちがいでした。ニューヨークでは、人種差別的なことを言われた経験は一度もありませんでしたから。わたしの家族のことで、それを示すエピソードがあります。当時、ロサンゼルスにはニューヨーク市とはちがって日系アメリカ人の大きなコミュニティがありました。実はわたしのいとこの親は、いとこたちを日本語学校に行かせようとしたようなのです。でもみんなアメリカ化されていて、だれも長つづきしなかった。試してはみたものの、うまくいかなかったのです。おじはソーシャル・ワーカーで、アフリカ系アメリカ人が非常に多く、のちにほぼヒスパニックばかりになる地域の教会で働いていました。つまりその息子たちは、基本的に都心部で育ったわけです。

おもしろい話があります。いとこのひとりは、ハリウッドの映画脚本家になりました。ゴールディ・ホーンの作品の脚本も二、三作手がけています。この話をするのは好きなのですが、それはこの出来事をとても誇りに思っているからです。彼はわたしより二歳年上で、あるていど年をとってから、映画の脚本を書くのをやめて小説を書きたいと思うようになりました。そして、ロサンゼルス中南部を舞台にしたミステリーを書いたのです。主人公は非常に頭の切れる黒人の私立探偵です。小説は一度も出したことがなかったので、原稿をわたしのところへ送ってきて、それに目を通して出版してくれそうなところを教えてほしいと頼んできました。読んでみると、すばらしい作品です。彼は非常に暴力的で貧しいそのコミュニティで育って、登場人物たちのことばと人物像をよく知っているからです。いとこにはほんとうにすばらしい作品だと告げて、わたしの著作権エージェントに原稿を送りました。彼女もそれを読んでとても気に入り、いとこは出版契約を結んで、シリーズ〔ジョー・イデ『IQ』熊谷千寿訳、ハヤカワ・ミステリ文庫、二〇一八年〕四作目がちょうど刊行されたところです。その小説を映画化する契約も結びました。この作品の設定は、日本人とはまったく関係ありません。いとこはロサンゼルス都心部の人びとがどのように話し、振る舞い、考えるかを実際に知っているのです。

アイデンティティについてと、アメリカ人であるとはどういうことかについては、フクヤマさんの子ども時代といまではアメリカの状況は明らかに異なります。

ええ、わたしの子ども時代には、アメリカ人であることは、憲法、法の支配、すべての国民が平等な権利をもつという考えを信じることでした。アメリカでは、野球観戦が好きでも、フットボール観戦が好きでも、ほかの何かの観戦が好きでもよかった。肌の色の問題ではありませんでした。わたしの家族を見てもわかります。父方の祖父は一九〇五年に日本からやってきました。父が育った一九三〇年代と四〇年代には、アメリカ人であることについて、よりひらかれた理解へとすでに向かいつつありました。それでも第二次世界大戦中には、わたしの家族は強制収容されています。祖父はロサンゼルスの店を失い、親戚たちは戦時中、コロラド州の収容所で過ごしたのです。

しかし父の世代が先頭に立って補償要求運動（リドレス）を展開し、最終的にはレーガン政権時代に強制収容への正式な謝罪がなされて、強制収容所にいた人すべてに補償金が支払われました。やがて、アメリカ人は市民としてのアイデンティティを発達させます。それがいま、アメリカ人は基本的に白人であるという昔の考えを復活させたい人たちによって脅かされているのです。長期的には、アメリカ人であることについての本来の考えに戻っていくとわたしは思っています。ほかに選択肢はありません。いまのアメリカはあまりにも多様で、人種や民族と結びついたアメリカ人の定義に戻ることはできないからです。

学問分野を超える

フクヤマは著作のなかで多くの学問分野をカバーしている。その意味では、思想を追究する啓蒙思想家に似ている。現在では特定の学問分野を追究することが主流になっていて、少なくともそれが英米の伝統である。シカゴ大学教授のネイサン・タルコフは、フクヤマについて次のように語っている。「社会科学の研究者としても政策分野の人間としても、彼は文学や美学の問題への関心と知識があり、これは珍しい組み合わせだ」[3]。

フクヤマさんはいま、どの学問分野に属しているとお考えですか？　また、社会と政治をより深く理解するにあたっての、ご自身の貢献をどのように理解しているのでしょうか。

学際的であることがとても重要です。さまざまな学問分野はすべて、方法論を中心に成り立っているからです。研究しようとする中身ではなく、方法論にばかり目が向けられる傾向があります。歴史家でも政治学者でも経済学者でも人類学者でも同じです。そうするインセンティブがだれもにあるわけです。研究者は方法論を重視し、それに精通していて、自分の分野の方法論の発展に貢献できることを示すよう求められるからです。人間社会についての重要な知見はすべて、さまざまな分野を組み合わせることによって得られます。人間は非常に複雑ですから。わたしが最も有益だと思う学問分野は、社会学と人類学を組み合わせたもの、あるいはおそらく社会人類学のようなものです。こうした分野で正式な教育を受けたわけではありませんが、社会が実際にどう動いて発展するのか、それについて最も重要な知見のいくつかを与えてくれたのがこれらの領域でした。おかしいのは、父が社会学者だったことです。子どものころは、父のような社会学者には絶対にならないと言っていたのですが、結局そうなってしまいました。

リベラル・ヒューマニストと歴史教育の重要性

興味深い問いがあります。リベラル・ヒューマニストの知識人は、価値あることをわたしたちに教えることができるのか、新しいものの見方や理解をもたらすことができるのかという問いです。一九八九年が意味していたもの――なんのために戦っていたのか、何を相手に戦っていたのか――を、それを経験していない新世代にいかに伝えるのかという質問をフクヤマさんはずっと受けてきました。わたしたちには何ができるのでしょう。

すべての新世代に歴史教育が必要だとわたしは思っています。しかしそれはむずかしいことが多くて、たとえば第一次世界大戦で人びとが何を経験し、それが第二次世界大戦とはなぜちがったのかを理解するには時間がかかります。第二次世界大戦ははるかにイデオロギー的でしたが、第一次世界大戦はひとつの時代の終わりであり、はるかに絶望的で無意味でした。

カリキュラムのなかで歴史が重要な位置を占めるべきなのでしょうか。あるいは、ほかにも学習の手段はありますか？　フクヤマさんは若いころに文学作品をたくさん読み、文学を学んでいました。

ええ、文学、小説、映画から多くの考えを得ました。文学を専攻していて、大学院で比較文学を学びたいと思っていましたので、若いときは片っ端からなんでも読みました。古典はどれも好きで、とくに好きだったのがフランス文学です。スタンダール、フロベールの『ボヴァリー夫人』など、ありとあらゆる古典です。英文学では、ジョージ・エリオットやチャールズ・ディケンズといった人たちのものを読みました。文学作品を読むことは、歴史を理解し、自分では経験していない戦争中の暮らしを知るのにも役立ちました。強い印象を受け、第一次世界大戦の絶望的な状況を教えてくれたのが、エーリヒ・マリーア・レマルクの『西部戦線異状なし』です。最近は学生を連れて映画『善き人のためのソナタ』を観にいきました。一九八九年以前の東ドイツで、国家保安省（シュタージ）のもとで暮らすのがどういう経験か、学生たちにも知ってもらうためです。

＊　＊　＊

フクヤマからは、古典学者、人文学者、政治と社会の働きを理解しようと努める研究者というイメージが立ち現れてくる。フクヤマは古典的な人文学者であり、若いときには父親のようにはなりたくないと思っていたが、やがて社会を理解することに関心をもつようになった。保守派の官僚であり、のちに世界的に有名な政治学者になる。ヨーロッパ政治思想の感受性をもつアメリカ人で、学際性と知的好奇心を重んじるのがフクヤマである。

注

1 "History's Pallbearer."
2 フェルディナント・テンニエスは十九世紀ドイツの最も有名な社会学者のひとりであり、主著『ゲマインシャフトとゲゼルシャフト』(上下巻、杉之原寿一訳、岩波文庫、一九五七年)は一八八七年に刊行されている。
3 "History's Pallbearer."

7 フクヤマを国際政治へ導いたのは何か

ハーヴァード大学で博士号を取得したあと、フクヤマはランド研究所と国務省を行き来しながら、ほぼ一〇年にわたって一九八〇年代の主要な政治紛争を研究して過ごした。一期目のレーガン政権では、政治任用によって、一九八一年から八二年にかけてパレスチナ自治をめぐるエジプトとイスラエルの協議にアメリカ代表団の一員として参加した。ジョージ・H・W・ブッシュが一九八八年の大統領選挙で当選すると、フクヤマはジェイムズ・ベイカー国務長官のもとで政策企画局次長に就任する。ランド研究所では、ソヴィエト連邦の外交政策についても研究していた。

脱構築のナンセンス

パリに留学してジャック・デリダやロラン・バルト、フランスのポスト構造主義派や脱構築派の授業に出る前は、コーネル大学の学部で勉強をしていました。コーネル大学とテルライド・ハウスでは何を得ましたか？

わたしがコーネル大学に通ったのは一九七〇年代はじめで、ちょうどフランスの脱構築、構造主義、ポストモダニズムがアメリカの大学に入ってきているときでした。ジャック・ラカン、ジャック・デリダ、ツヴェタン・トドロフ、ジュリア・クリステヴァ、ミシェル・フーコーのことを学び、トドロフ、クリステヴァ、フーコーはこの時期にコーネルとテルライドを訪れています。当時はそれがこのうえなくトレンディに思われて、というか、ヨーロッパらしいもののように思えて、素朴なアメリカ人には完全に理解できないもののように感じました。わたしの記憶では、フーコーはいつのまにか選んだ青年の一団と週末を過ごしていました。ジュリア・クリステヴァがわたしに、スターリン主義にも意義があったと言っていたのも憶えています。あれは流行の波のようなものでした。わたしはただこれを、つまり最新のものを見てみたかっただけです。わたしたちアメリカ人は、このポストモダニズムや構造主義をよく理解できませんでしたが、当時の哲学のなかで明らかに最も刺激的だったのがこれです。わたしはこの議論がよくわからなかったので、フランスに留学してデリダの本を読んだわけです。

ずっと前に、フクヤマさんはこんなことを言っています。「おそらく若いときには、何かがただむずかしいというだけで、それが深遠であるにちがいないと思うもので、"こんなものはナンセンスだ"と言う自信がないのです」。率直に認めると、わたしも同じように考えています。留学前には何を期待していて、なぜ一学期を終えただけでアメリカに戻ってきたのでしょう。この経験はその後の職業や教育の選択に影響しましたか？　影響したのであれば、どのように？

パリでは、ロラン・バルトのとても滑稽なゼミに参加しました。若いとき、バルトは非常におもしろい本を何冊か書いていています。写真についての本などです。でもそのゼミでは、バルトは辞書をつくっていました。あるいは辞書をつくっていると言っていた。ゼミで、バルトはA、B、Cからはじめて、その後は基本的に自由連想をするわけです。こうした文字から何を思い浮かべるのか。armée（軍隊）、bébé（赤ん坊）、café（コーヒー）、といった具合です。そしてひとつの単語から次の単語へと移っていく。非常にひとりよがりのようにわたしには思えました。バルトは有名な知識人で、何を言っても許されたからです。学生たちはノートをとりながら、「ああ、それはとても深いですね」なんて言う。

当然ながら失望したわけですね。それでそこを去った。

もう少し時間がかかっています。イェール大学の比較文学科に出願していたからです。当時そこは、ポストモダニスト比較文学の牙城で、ポール・ド・マンが権威として君臨していました。実際、ド・マンの授業をふたつほど履修したのですが、入学とほぼ同時に、これは自分のやりたいことではないと判断したのです。

これは無駄だったとお考えですか？　あるいは、なかには有益なこともあったのでしょうか。

やったことはどれも後悔していません。

人文学の教育を受けるのはとても大切だと思います。普通はいきなり技術的なことから学びはじめて、古典に戻ることがないからです。

そうですね、おっしゃる通りだと思います。わたしにはフリードリヒ・ニーチェについてのちょっとしたエピソードがあって、二〇一八年十一月にスイスのシルス・マリアを訪れたときにそれを思いだしました。ニーチェが人生最後の数年間、夏に訪れた場所を見学したのですが、わたしは若いとき、ニーチェの真似をしようと思っていたのです。ニーチェは古典文献学を学び、ギリシアの著述家たちをみな驚くほどよく知っていた。わたしも同じことができるようになりたいと思ったのですね。そこでフランスの構造主義を離れて、ギリシア語の学習と古典の研究に戻ろうと思ったわけです。でもそうせずに、現代の学問分野である政治学の道にすすむことにしました。

とはいえ、ギリシアの古典を忘れたわけではありませんね。ずっとそれを使ってきたわけですから。

ええ、おっしゃる通りです。

フランス構造主義から次の話題に移る前におたずねしたいのですが、なぜそれほどそれに怒りを覚えたのですか？　彼らのアプローチに潜在的に含まれる相対主義にいらだったのでしょうか。

ある種の偽善に怒りを覚えたのです。彼らはやはり左派の側にしっかりとどまったままでしたから。自分たちの相対主義をほんとうに首尾一貫させるのなら、社会主義ではなくファシズムを選んではいけない理由は存在しないことになります。少なくともニーチェのほうがずっと誠実だと思いました。ニーチェは、キリスト教が死んだのならなんでも許されると言って、なぜ力のある者が弱者を支配してはならないのかと問います。挑発的ですが、相対主義の帰結を非常にはっきり考え抜いていたわけです。

フランス知識人のほとんどが極左です。中道派の人はなかなか思い浮かびません。どういうわけか、フランスの知識人にとって中道であることはファッショナブルではない。そう思いませんか？

フランスの知識人で唯一、多少なりともそういう人物に近かったのがレモン・アロンです。もうひとりの古典的自由主義者が、おそらくフランス革命研究の歴史家フランソワ・フュレでしょうが、自由主義者はほとんどいませんでした。当時はフランス人の自由主義者はいなかったのです。[2]

地に足のついたことをしたいという気持ち

――フクヤマは比較文学の教員にはならなかった。政治理論に舵を切り、シンクタンクのアナリストと官僚になる。

大学で学ぶあいだに、多くの有名な教授と出会っています。フクヤマさんの選択はそういった人たちから影響を受けたのか、どのような影響を受けたのかを教えてください。

かなりの影響を受けたのが、ハーヴァードの政治思想家ハーヴェイ・マンスフィールドです。わたしは彼のもとで学びました。

――彼のもとで学ぶためにハーヴァードを選んだのですか?

ええ。当時はその分野で政治理論を学びたければ、トロントに移っていたブルームのもとへ行くか、ハーヴァードへ行ってマンスフィールドのもとで学ぶかのどちらかでしたから。それでハーヴァードを選んだのです。マンスフィールドは影響力ある教師でしたが、その後わたしは理論はやらないことにしました。現代の国際関係をやりたかったのです。ある意味では、それまでに学んでいたさまざまなフランス思想へのちょっとした反発で、それとは反対のことがしたかったのでしょうね。ほんとうに地に足がついたこと、現実的なことをやりたかったわけです。

抽象的で学術的な観念を離れてほっとしましたか？　それとも、それが恋しくなりましたか？

政策志向の強い研究に切り換えたあとは、うしろを振り返ることはありませんでした。人生で初めて新聞を読むようになって、冷戦の枠組みが善悪の土台になっていることを実感しました。当時のイェール大学比較文学の有名教授、ジェフリー・ハートマンの研究室に行って、学科を離れたいと話したのを憶えています。ハートマンはこう言いました。「ああ、『ニューヨーク・タイムズ』を握っているってことは、きみの心はほかにあるってことだね」。一九七〇年代終わりに、わたしは最初の論文を『コメンタリー』誌（*Commentary*）に発表しました。新保守主義として知られるようになるグループのバイブルだった雑誌です。ソ連の中東侵攻についての論文を書いて、頼まれてもいないのにノーマン・ポドレッツに送ったのです。みんな驚いたのですが、彼はすぐにそれを採用してくれて、わたしは五〇〇ドルを受けとりました。著述家として初めて稼いだお金です。すぐに出かけて、そのお金でニコンのカメラを買いました。

壁の崩壊

ハーヴァードの大学院で政治学を学んだあとのことを教えてください。

中東におけるソ連の外交政策で学位論文を書いて、一九八一年に博士号を取得しました。そのあとの一〇年ほどは、国務省かランド研究所かのどちらかで働いていました。ランド研究所はカリフォルニア州サンタモニカにあるシンクタンクです。わたしはおもに中東の問題に集中していましたが、ソ連にも目を向けていました。ジョージ・H・W・ブッシュが大統領だったとき、一九八九年から九〇年にかけてまたソ連の問題に取り組みました。一九八〇年代におそらく四、五回、ソ連を訪れています。当時はロシア語も学ぼうとしていました。ソ連を訪れるのはとても興味深い経験でした。警察国家なのですが、明らかにおかしな警察国家でもある。実際にはだれもイデオロギーを信じていなくて、みんなイデオロギーについて非常にシニカルなのです。何度もかたちだけの会合をしました。当時、ソ連にはアメリカ・カナダ研究所があったのですが、訪問すると、そこにいるのはほんものの研究者ではなくて、ただのプロパガンディストなのです。うわべだけはあらたまった議論をしたあと、外に出てお酒を飲むと、自分たちは学者じゃないと認める。実際のところはそんな具合でした。

（その後、一九八九年にフクヤマがヨーロッパで数か月過ごしたときの詳細に話題が移った）。

わたしは、東ドイツを出国した人たちからの報告にずっと注目していました。ベルリンの壁が実際に崩壊する一年以上前から、危機ははじまっていたのです。東欧とソ連の動きに非常に近いところにいる友人がたくさんいて、みんなしきりにこう言っていました。「いま起こっていることをきみはわかっていない」。実際、その通りでした。事態は非常に急速に展開していたのです。一九八九年のなかばにわたしは、レフ・ヴァウェンサとともにスピーチをするジョージ・H・W・ブッシュに同行して、ポーランドのグダニスクを訪れました。当時、ハンガリーでは市民社会運動が起こっていて、ポーランドでは連帯運動が起こっていた。このふたつの国はどちらも自由主義化しつつあるようでした。そのとき考えたのです。東ドイツ周辺のこうした国がすべて自由主義化しているのに、東ドイツがスターリン主義の砦のままでありつづけるのは筋が通らないと。

それでどうしたのですか？

上司のデニス・ロスを通じてジェイムズ・ベイカー国務長官にメモを書き、ドイツ統一について考えはじめるべきだと伝えました。こうした展開をすべて考えると、論理的にそうなるはずだったからです。当時は、ドイツのことを知っていればいるほど——つまりドイツの専門家であればあるほど——統一は不可能だと思っていました。国務省のドイツ専門家はみんな、そんなことはばかげている、起こるわけがない、考えられないと言っていたのです。最後の最後までそんな調子でした。一九八九年十月の終わりに、わたしたちはフランス南部でひらかれたNATOの計画会議に出席したのですが、ドイツの代表は、自分が生きているうちにドイツが統一することはないだろうと言っていました。会議のあと、わたしは東ベルリンに行って東ドイツにいる多くのアメリカ人外交官と話をしました。一九八九年十一月はじめの数日のことです。

あと少しで壁の崩壊に立ち会うところだったのですね。

ええ、それから外交官たちが東ドイツ共産党の党員たちとの会合をセッティングしてくれて、そこで彼らは、市民社会の自由主義者ではなく、自分たちこそがドイツの未来を担うのだと言っていました。しかし、それから一週間もしないうちに壁が崩壊したのです。

官僚の権力よりも知の自由を選ぶ

一九八九年を経験した人はみな、あの政治変化の感覚を知っている。わたしは一九八九年の夏に自動車で東欧をまわったことをフクヤマに話した。共産主義とフェンスを目の当たりにし、学生と話して、ブダペストで最初のマクドナルドに長蛇の列ができているのを見た。このときの印象はわたしにとって忘れられないものになり、右の発言からわかるように、フクヤマにとってもそれは同じだった。
一九八九年夏、フクヤマは論文「歴史の終わり?」を保守派の雑誌『ナショナル・インタレスト』に発表した。それが注目されるとはだれも思っておらず、フクヤマもまったく予期していなかった。しかし実際には大きな注目を集める。『ワシントン・ポスト』から『ウォール・ストリート・ジャーナル』までのあらゆる大手新聞と、『タイム』から『ニューズウィーク』までの雑誌がそれを取り上げ、大評判になった。国の官僚だったフクヤマはキャリアを替え、やがて世界的に有名な研究者になる。

『「信」無くば立たず』の序文〔邦訳では巻末〕で、ゲオルク・ヘーゲルが歴史の終わりを宣言したのは正しかったとアレクサンドル・コジェーヴは結論を下している、と書いています。したがってコジェーヴは、哲学者としてはもはややるべき仕事がないと考えて、フルタイムの官僚になり、死ぬまでそれを務めた。フクヤマさんは、自分も歴史の終わりを宣言したので、これと同じ道を歩むこともありえたと付け加えています。でも、実際にはそれとは反対の道を選びました。なぜですか?

単なる個人的な選択です。国務省で二度、官僚として働きましたが、あまり好きになれなかったのです。なぜだろうと考えてみました。ポール・ウォルフォウィッツやスクーター・リビーら、わたしの友人の多くはその後、かなり有力な官僚になって、そのためにさまざまな問題に直面しています。ほんとうの権力を実際に行使することになって、正しい決断を下さなければ多くの損害を生じさせることがあるからです。

二〇〇〇年にワシントンのポール・ニッツェ高等国際関係大学院（ＳＡＩＳ）の教授として働きはじめました。イラク侵攻前の国防総省とホワイトハウスでのワークショップでは、どのような役割を果たしたのですか？

イラク侵攻の前年に、国防総省総合評価局の局長を長年務めていた故アンドリュー・マーシャルが「オータム・スタディ」というものの実行を命じました。九月十一日の同時多発テロへの対応を四つのチームに検討させるものです。わたしはそのうちのひとつのグループのリーダーを任され、メンバーにはＳＡＩＳの同僚のロジャー・リーズとトム・キーニー、全米民主主義基金のバーバラ・ヘイグなどがいました。サミュエル・ハンチントン、ラリー・ダイアモンド、ファリード・ザカリア、マイケル・イグナティエフ、スティーヴ・ホスマーといった外部のさまざまな専門家から意見を聞いて、イスラム過激派、国家建設、その他のテーマに関する資料を集めたのです。二〇〇三年一月に、四つのチームはマーシャルにブリーフィングをしました。脅威の評価を報告書で示したあと、わたしたちは「根底にある問題は、究極的には政治的側面に注意を向けることによってのみ解決できる」と主張して、「政治的側面は付け足しではなく、戦略の核である」と論じました。ポール・ウォルフォウィッツがこうした報告の一部でも目にすることがあったのか、わたしにはわかりません。

その後の一〇年で発展途上国の国家建設について研究することにしたのは、このときの経験から影響を受けたのですか？

ええ、このときに初めて国家建設と国民形成の問題について体系的に考えはじめました。そこから著書『国家建設――二十一世紀のガバナンスと世界秩序』(*State-Building: Governance and World Order in the 21st Century.* 未邦訳)が生まれたのです。依頼を受けて二〇〇三年にコーネル大学でおこなったメッセンジャー・レクチャーをもとにした本です。当時わたしは、イラク侵攻の何がいけなかったのか、なぜアメリカ政府には国家建設に取り組む準備がまったくできていなかったのか、といった問題をめぐって、ワシントン周辺での政策論争に深く巻きこまれていました。その後、『国民形成――アフガニスタンとイラクを超えて』(*Nation-Building: Beyond Afghanistan and Iraq.* 未邦訳)という編著書も出しています。この問題を取り上げたSAISでのカンファレンスの成果物です。最終的にこれが『政治の起源』と『政治の衰退』につながります。政治学者は国家を自明のものだと捉えていて、国家がいかに誕生して最終的に建設されるのかをほとんど知らないことにわたしは気づきはじめたわけです。

ランド研究所の元所長で最高経営責任者のジェイムズ・トムソンが『ガーディアン』紙に語っているのですが、彼はフクヤマさんのことを「ほかの人が考えもしなかった問題に関心をもった」人物として記憶しているといいます。実際そうだったのですか？

アメリカの大学のテニュア・トラック制、つまり常勤ポストを得るプロセスの大きな問題のひとつが、若手研究者に非常に狭い学問領域に特化させ、その分野で流行の最先端にある方法論に研究を集中させてしまうことです。わたしはふたつの経緯でこれを回避できました。ひとつ目が、テニュア制度がなく学際的な研究に力を入れるランド研究所でキャリアをはじめたことです。ふたつ目は、『歴史の終わり』を書いたことです。その本を刊行したあとは、学術機関の外でなんでも書きたいことを書ける自由を得たのです。『歴史の終わり』がベストセラーになったあと、わたしの最初の出版者アーウィン・グライクスがやってきて、次は何を書きたいのかとたずねました。すばらしい、やりたい研究をなんでもできる、心のなかでそう思いましたね。わたしはずっと文化と経済成長の関係に興味があったので——ほとんど何も知らないテーマだったのですが——、次の研究課題としてそれに集中することにしました。そこから二冊目の本、『「信」無くば立たず』が生まれたのです。この本はある意味では『歴史の終わり』よりも成功を収めました。とりわけ大きかったのが、このおかげで、ジョージ・メイソン大学公共政策大学院でハースト記念講座教授として最初のアカデミック・ポストを得たことです。寄附講座の教授として終身在職権（テニュア）を得られた。こうして、テニュア・トラック制の罠を完全に回避することができたわけです。

政府で引きつづき仕事をしてもらいたいと望む人たちからも、フクヤマさんは高い評価を受けていました。[3]それでも知の自由がほしかったのですね。

知の自由はその一部にすぎません。たしかに研究者は言いたいことをほとんどなんでも言うことができますが、政府ではつねに政治の長、つまり大統領の代理として話さなければなりません。いまはそれが非常に厄介になりました。大統領が堕落した無能な人物で、憲法に違反するであろうことを命じてくるわけですから。ただ、政府で働いていると、使い方を誤りかねない巨大な権力をもつことにもなります。ブッシュ政権で仕事をしていたわたしの友人たちは、イラク戦争のことで破滅的な選択をしたと思います。わたしはその結果を背負って生きていかずにすんで、ほんとうによかった。

フクヤマさんは、当然ながら政治にとても関心をもっていて、本や論文やコラムを発表すると、強固な政治的見解をもつたくさんの人とやり取りをすることになります。けれども、フクヤマさんは研究者であって政治家ではありません。思想、議論、知的好奇心を日々の政治よりも重視しているという理解で正しいですか？

思想も行動主義もどちらも大切ですが、わたしには前者を扱うほうがずっと向いています。思想は活動家や政治指導者に吸収されて、彼らの世界の見方に組みこまれます。一九八〇年代にレーガンとサッチャーが力を握ったあと、国家から市場への劇的な移行が起こりましたが、経済学でシカゴ学派が台頭したことで、それを正当化する洗練された理論が提供されたわけです。こうした考えは、たとえば独占禁止の領域などで二世代にわたって政策立案者にきわめて大きな影響を与えました。「新自由主義」の行き過ぎから回復しようと思ったら、そのパラダイムを別のパラダイムと取り替えなければなりません。それは行動する人の仕事ではなく、考える人の仕事です。

フクヤマさんは学術誌でも、政治を扱う新聞や雑誌でも、広くものを書いて発表しています。たとえば、『アメリカン・インタレスト』誌の創刊にも携わっていますね。知の自由は、フクヤマさんにとって何を意味するのでしょうか。

いまは大学の外ではなく大学のキャンパスで、知の自由をめぐるさまざまな問題があると思います。近代の自由主義社会の問題は、知の自由にあからさまな制約があることではなく、よりインフォーマルな制約があることです。社会的な圧力のために、また仲間集団に属しているために、言えないことがあったり、ある種の問題に向き合おうとしなかったりするわけです。この問題のために、わたしは新保守主義派の友人みんなと決別しました。彼らは友人ではありましたが、とてもかたくなな立場をとっていたからです。その結果、そうした友人の多くがわたしと口を利かなくなったり、彼らについてのわたしの発言に非常に腹を立てたりしたのです。これはつらいことで、知の自由をめぐる問題だと思います。

イラク侵攻とアメリカの外交政策全般のために、新保守主義派の人たちとの友情に終止符が打たれました。二〇〇六年には『アメリカの終わり』を刊行しています。新保守主義の運動と決別する決断について、かいつまんで説明していただけますか？

新保守主義は運動というほどのものではなく、同じような考えをもっていて、『パブリック・インタレスト』（*Public Interest*）や『コメンタリー』といった雑誌に寄稿していた知識人たちのことです。九月十一日の同時多発テロのあと、ウィリアム（ビル）・クリストルが、一部の新保守主義派の焦点を思想から政策の主張へと移行させましたが、これについて広い範囲で意見の一致があったわけではありません。『アメリカの終わり』で論じたように、アメリカの力を使って中東を再編できるという考えは、アメリカ国内の政策に関しては結果を変えるために国家の権力を使うのは制限すべきだという新保守派の主張と完全に矛盾していました。

『アメリカの終わり』が刊行されたあとのインタビューで、「歴史の終わりへの近道はないのか」——つまり自由主義と民主主義への近道はないのか——という質問にフクヤマさんはこう答えています。「イラクが何かを教えてくれたのだとしたら、それは近道がないということです」[4]。アメリカはこれを理解していると思いますか？

アメリカは教訓を学んだと思います。おそらく少し学びすぎたぐらいです。オバマもトランプも中東への軍事介入をやめると誓って、アメリカをそこから撤退させようとしてきました。

近道がないという発言は、政治学者のケン・ジョウィットがかつて言ったことを受けてのものです。ようするにジョウィットは、わたしが民主主義のカール・マルクスなら、ビル・クリストルはウラジーミル・レーニンだというのです。つまり、技術、経済変化、その他の構造的要因によって、長期的にゆっくりと自由民主主義へと向かっていくというのがわたしの見解だと。それとは対照的に、クリストルとその仲間の新保守主義者たちは、軍事力を使ってこのプロセスを加速できると考えていた。ただ、結局のところこの近道は存在しないことが経験によって示されたと思います。レーニンの近道が存在しなかったのと同じです。

いまはそうした新保守主義派の仲間との関係はどうなっているのですか？

みんな共和党員ですが、イラク戦争をめぐってわたしが決別した新保守主義派の元友人の多くは、反トランプ派である〝ネヴァー・トランパー〟になって、共和党を離れました。共和党の昔の仲間たちをみな完全に遠ざけて、政治的な追放状態にあると聞いています。政治のことで人と仲違いすると、個人的な影響がたくさん生じます。仲間たちのなかで育ってきたのに、ある立場をとったとたん、いきなりみんなに嫌われるのです。夕食にも招かれなくなる。わたしはこれを経験してつらい思いをしました。

いろいろな大学で仕事をして、いまはスタンフォードにいます。どうしてここに来たのですか？

昔からの友人のラリー・ダイアモンドとマイケル・マクフォールに招かれたのですが、いずれカリフォルニアに戻りたいと思っていました。ワシントンでの暮らしにうんざりしていたのです。当然、天気はこちらのほうがいいですし、カリフォルニアは暮らしやすいところですからね。かけがえのない同僚たちもいます。暮らしも大切ですが、もちろん何より重要なのは知的な側面です。

＊＊＊

フクヤマは現在、カリフォルニア州パロアルトで暮らしながらスタンフォード大学で働き、同大学で民主主義・開発・法の支配研究センターの長を務めている。

注

1 "History's Pallbearer."

2 レモン・アロン（一九〇五～八三年）はフランス人の哲学者、社会学者で、一九五五年の著書『知識人とマルキシズム』（小谷秀二郎訳、荒地出版社、一九七〇年）でマルクス主義を批判的に論じた。フランソワ・フュレ（一九二七～九七年）はフランスの歴史家であり、マルクス主義的なフランス革命の解釈に異議を申し立てた。

3 "History's Pallbearer" を参照のこと。

4 "There Are No Shortcuts to 'the End of History.'"

8 「歴史の終わり」とは何か

だれかが「歴史の終わり」と口にするときには、ほぼ確実にフクヤマのことが念頭にある。「デンマーク化」も同様だ。自由民主主義が歴史の終わりだと主張し、デンマークが成功した社会の象徴であると論じた人物だというのが、フクヤマについての広くいきわたった理解である。フクヤマの思想と思考の発展をたどるには、『歴史の終わり』を理解することが重要だ。一見、フクヤマの著書のなかで最も楽観的な一冊のように思えるが、詳しく読むとより悲観的な未来像が示されている。さらにいうなら、本章を読めばわかるように、おそらく最も誤解されてきた一冊でもある。しかし本も人間の子どもと同じだ。それぞれに自分の人生があり、それは多くの場合、絶望した親の望みや意向とは完全に切り離されている。

自由民主主義の考えを擁護する

論文「歴史の終わり?」は一九八九年に発表されています。その論文のおもなメッセージは何だったのでしょうか。

一〇〇年以上ものあいだ、最も進歩的な知識人は、歴史の終わりは共産主義だと考えていました。カール・マルクスにとっての歴史の終わりがこれです。マルクスは歴史の終わりという考えをヘーゲルから借用しています。一九八八~八九年の前の一年でわたしは、どうやらわたしたちはマルクス主義的な歴史の終わりにたどり着くのではなく、ヘーゲル主義的な歴史の終わりのようなものに向かっているのではないかと考えるようになりました。市場経済と結びついた自由主義国家あるいは自由民主主義国家が歴史の終わりになるのではないかということです。これがわたしの主張でした。それが誤解されたのです。

わたしは歴史の終わりをヘーゲル主義的、マルクス主義的な意味で使っていました。この意味での歴史をいま風に言い換えると、「開発」や「近代化」になるでしょう。歴史の終わりが問いかけていたのは、歴史が止まるのかどうかではなく、近代化がどこに向かいつつあるのかということだったのです。

どうしてあの論文を書くことになったのですか？　あの考えはどのようにして浮かんできたのでしょう。

わたしはランド研究所で働いていました。ソヴィエト連邦の専門家が十数人いて、そのほとんどが外交政策と安全保障問題を研究していたのですが、ソ連の国内政策が急速に変化しているように思われたので、徐々にそれを検討するようになります。そしてあるとき、わたしはゴルバチョフの演説をひとつ読んだのです。おそらく一九八七年ぐらいのことで、そこでゴルバチョフは、社会主義の本質は競争にあると言っていました。これは大きな展開だと思ったわけです。政治思想を研究する友人たちは、「歴史の終わり」のことを知っていました。新しいフレーズではなかったのです。その界隈の人はみな、ヘーゲルとコジェーヴがこのフレーズを使っていたのを知っていた。ですから、わたしは友人のひとりに電話して言ったのです。「ゴルバチョフがこんなことを言うのなら、これが歴史の終わりなんだ」。あの考えが生まれたのは、おそらくその瞬間です。アラン・ブルームとネイサン・タルコフから依頼されて、わたしはシカゴ大学で講演をすることになりました。その講演シリーズのテーマは西洋の衰退で、最後にクエスチョンマークがついていた。講演の依頼を受けたとき、わたしはこんなふうに言ったのです。「話はしますが、衰退についての講演にはなりません。西洋の勝利について話します」。ふたりには、「いいでしょう、それで話してください」と言われました。

着想のきっかけとして、フクヤマさんはロシア生まれの哲学者アレクサンドル・コジェーヴをよく挙げます。コジェーヴのことはどのようにして知ったのですか？　彼のヘーゲル理解のなかで、フクヤマさんが興味をひかれるのはどこでしょう。

そうですね、コジェーヴは両大戦間期のフランスでおそらく最も有名な知識人でした。ヘーゲル読解について、非常に影響力あるゼミを開講していた。彼のノートは『ヘーゲル読解入門――「精神現象学」を読む』（上妻精、今野雅方訳、国文社、一九八七年）として出版されています。レモン・クノー、ジャン＝ポール・サルトル、レモン・アロンといった戦後のフランス知識人の多くが、そのゼミに参加していました。コジェーヴはヘーゲル『精神現象学』のなかから、実のところ歴史は具体的にフランス革命で終わったのだという考えを取りだしたのです。自由と平等の理念が普遍化されたことで歴史は終わったというわけです。コジェーヴは、「それは達成された」と言います。けれども勝利が獲得されたのは大都市圏だけで、おもに観念の次元でのことにすぎない。周縁部にはまだ浸透していないけれども、やがて行きわたっていくだろうという。コジェーヴは正しいとわたしは思いました。公正な社会秩序についての規範的な理解の面では、わたしたちはフランス革命の自由主義的な共和政より先にすすんではいないと。ファシズムと共産主義のありとあらゆる選択肢を試してみたけれども、どれもうまくいかなかったのです。

現実の歴史は出来事、危機、発展によって特徴づけられるという考えは、歴史の観念とは異なります――つまり政治秩序の矛盾が徐々に解消されていくという弁証法的な発展の考えとは異なります。

『歴史の終わり』の後半は、実際かなり悲観的です。
『歴史の終わり』の「最後の人間」のセクションではもっぱら、成功した自由民主主義国が陥る可能性のある困難について論じています。問題は、平和と繁栄では、承認とコミュニティを求めつづける多くの人を結局は満足させられないことにあります。この理由からわたしは、ナショナリズムも宗教も世界政治から消えることはないと当時非常にはっきりと述べていたのですが、いまではほとんどだれも憶えていません。

右派による批判が、自由民主主義への最も危険な脅威である

一九九五年に書かれた論文「『歴史の終わり』を再考する——五年を経て」("Reflections on *The End of History*, Five Years On") では、おもに次のように主張しています。

〔わたしの批判者たちは〕「歴史の終わり」ということばを根本的に理解し損なっている。これは〝である〟ことについての主張ではなく、〝であるべき〟についての主張である。さまざまな理論上の理由から、自由民主主義と自由市場が最も望ましい体制である、あるいはより正確にいうならば、人間社会を組織するにあたって考えられるさまざまな方法のなかで最善のもの（ある

いはチャーチルの表現のほうがよければ、最もましなやり方）だという主張である。それは人間の最も基本的な望みを（完全にとはいえずとも）最もよく満たすのであり、したがって、ほかの体制や、政治組織についてのほかの考え方よりも普遍性と耐久性があると考えられる。しかし望みを完全に満たすことはできないので、歴史の問題への最終的な解決策にはならない。

これは経験的な主張ではなく、規範的な主張である。[1]

左派からの批判について話していただけますか？

最も重要な批判は、左派からのものではありませんでした。左派のほとんどの人たちは、その時点ですでに共産主義をあきらめていたからです。さらに高い段階があって、そこではすべての私有財産が国有化されてレーニン主義的な集権国家ができるとは、だれも主張しようとしていませんでした。資本主義には大きな矛盾があって、なんらかのかたちでほかの経済体制に移行する必要があるという類いの批判はありましたが、資本主義体制の規制を強め、社会的保護を強化するほかにどのような選択肢があるのか、わたしにはわかりませんでした。多少増やしたり、多少減らしたりするかもしれないけれど、やはり基本的には市場経済の内部にとどまるわけです。唯一の代替案は、私有財産を本気で廃止しようとするところまで行くというものですが、限られた一部の人たちを除けば、そこまで行こうという気のある人はあまりいません。

フクヤマさんの主張にとって、現在、最も妥当で危険な批判は何ですか？

そうですね、異なる種類のものが二、三ありますが、おそらく最も危険なのは右派からの批判です。これは興味深い。右派が徐々に展開させている考えは、問題は実のところ自由主義にあって、完全に寛容でひらかれた社会は望ましくないというものです。社会はナショナル・アイデンティティを中心に成立しているので、そうしたアイデンティティを保ちたい、したがって同性婚などは受け入れたくない、というのがその理由です。それを受け入れない権利があると思いこんでいる。ポピュリスト運動の多くをたきつけているのがこれで、その中心にいるのがロシアです。プーチンは最初からこの立場をとっていたわけではありません。プーチンがそれを採用したのは、自分がやっていることを正当化できたからです。ロシアはいま、こんなふうに言いはじめています。「そう、伝統的なキリスト教の価値観に基づいた選択肢があるのであって、頽廃的でありとあらゆることを助長する自由主義社会を我々は望んではいない」。自由主義の部分に反対を表明しているわけです。

賛成されるテーゼと誤解されるテーゼ

二〇〇〇年代はじめの新聞の見出しでは、九月十一日の同時多発テロは「フクヤマの終わり」であり、ハンチントンの〝文明の衝突〟のテーゼが勝利したのだと論じられた。アミタイ・エツィオーニは次のように指摘する。「フクヤマは、多くの人に向けて発言する知識人のなかで長年生き残っている数少ない者のひとりである。メディア界のスターとして利用され、一五分後には捨てられる者が多いなか、フクヤマはいまも残っている」[2]。キングス・カレッジ・ロンドンのポール・セイガーは、二〇一七年にフクヤマについての論文を書いている。セイガーによると、『歴史の終わり』はおそらく第二次世界大戦後に出た本のなかで最も誤解されている一冊である[3]。歴史の終わりのテーゼには、いまなお反応がある。

誤読され誤解される経験はどのようなものでしたか？

あの本を書いたあとのどの論争でも、わたしは、自分の主張についてのばかげた誤解を蒸し返すのではなく、もっと重要だと思う議論へと話を移そうとしてきました。同じ話を何度も繰り返さなければなりませんでした。そうした論争が生産的だったとはあまり思えません。

おっしゃる通りだと思いますが、どうして批判者たちはそんな反応をしたのだと思いますか？　フクヤマさんはいらだちを覚えていた。批判者の主張はどのようなものだったのか、なぜそうした反応があったとフクヤマさんは考えているのか、もう少し詳しく話していただけないでしょうか。

敵意を向けられたのは、ひとつにはアメリカの外交政策と経済政策に関係しています。とくにイラク戦争のときには、多くの人に誤解されました。最大の誤解で非常にいらだちを覚えたのは、わたしが経済ではアメリカ的な特定の新自由主義モデルを奨励していて、外交政策では新保守主義的なモデルをあと押ししているとするものです。これはまったく正しくありません。最初からわたしは、アメリカよりもEUのほうが真の歴史の終わりを象徴する存在になるだろうと言っていたのです。

「『歴史の終わり』を再考する――五年を経て」では、自由民主主義がうまく機能する政治秩序だと考えるとしても、未来を楽観視しすぎてはいけないと論じています。答えは想像できるのですが、いつか「終わり」にたどり着くことはあるのでしょうか。

目的地としては存在しうると思います。実際にそこにたどり着けるのかというのは、いまでもやはりひらかれた問いです。ただ、それを目指さなければなりません。

『歴史の終わり』は規範的な主張であり、経験的な状態ではありません。一九八九年以降も歴史が止まることはありませんでした。すべての国が自由民主主義国になったわけではありません。ボスニアでも、イラクでも、シリアでも、金融市場でも、不穏状態、紛争、戦争が絶えません。ヤシャ・モンクが二〇一八年に『民主主義を救え!』(吉田徹訳、岩波書店、二〇一九年)を出して、二〇二〇年一月には『ジャーナル・オブ・デモクラシー』に「歴史の終わりを再考する」[4](“The End of History Revisited”)と題したレビューを書いています。『歴史の終わり』刊行から三〇年を経て、モンクは何を言っているのでしょうか。

ヤシャ・モンクとわたしは、歴史の終わりの終わりを宣言するのがファッショナブルになったという点で意見が一致しています。人びとは権威主義的な政治体制を望んでいるわけではなく、民主主義国のなかで普遍的な承認と敬意を保っておきたいと望むだろうと彼が指摘しているのも正しいと思います。いまのところ、民主主義諸国と同じだけ承認欲求を満たせる独裁政権は存在しません。それが登場するまで、この点についてのわたしのテーゼは覆されません。しかし当然ながら、状況は変わる可能性があります。民主主義諸国はうまく機能する社会を提供しなければなりませんし、民主主義を権威主義体制に置き換えようとする勢力に覆されないように耐えなければなりません。民主主義諸国が失敗すれば、わたしのテーゼはもはや維持できなくなります。

基本的な質問です。国が近代化したらどうなるのですか？　近代化した国は、中国やイランやサウジアラビアになるのでしょうか。

いいえ、デンマーク人のインタビュアーに話したことがあるのですが、そうした国はデンマークのようになります――少なくとも、デンマークのようになることを目指します。[5]

＊＊＊

これがわたしたちの向かうところなのであれば、いかにデンマーク化すればいいのか。なぜそこに向かうべきなのか。歴史の終わりは自由民主主義諸国についてのテーゼであり、政治体制間のイデオロギー闘争はヘーゲル的な意味で終わりを告げたという考えである。一九八九年の論文「歴史の終わり?」でフクヤマが書いているように、「しかし歴史の終わりにおいても、必ずしもすべての社会がうまく機能する自由主義社会になるわけではない。単により高い次元にある別の人間社会の形態を代表しているというイデオロギー的な見せかけがなくなるだけである」[6]。フクヤマはその後、自由民主主義国の働きにもっぱらの関心を向け、なかでも民主主義を適切に機能させるために必要なものを考えてきた。ここからデンマークの例につながる。デンマークは信頼できる国家と能力主義に基づいた官僚制を備え、うまく機能している民主主義国である。国家建設は『歴史の終わり』の核にある問題ではなかったが、長年のあいだにフクヤマにとって重要なテーマになっていった。

注

1 Fukuyama, "Reflections on The End of History, Five Years On," 201. 次も参照のこと。Fukuyama, "Reflections on The End of History Five Years Later," 27.

2 "History's Pallbearer."

3 Sagar, "Last Hollow Laugh."

4 Mounk, "End of History Revisited."

5 "Fukuyama: Populismen peger paa ægte problemer, man har forkerte svar."

6 Fukuyama, "End of History?," 12.

9 なぜデンマークを目指すのか

『ザ・フェデラリスト』の第七〇篇で、アレグザンダー・ハミルトンが国家の能力について次のように書いている。「政府機能が弱まっていることは、とりもなおさず悪政が行われていることにほかならない。うまく運営されていない政府など、理屈で何といおうと、実際には悪しき政府にほかならないのである」（斎藤眞・中野勝郎訳、岩波文庫、一九九九年、三一五頁）。フクヤマは長年にわたって国家建設にもっぱらの関心を寄せてきた。『国家建設――二十一世紀のガバナンスと世界秩序』を二〇〇四年に出したあともこのテーマには絶えず立ち戻っていて、その後、二〇一一年に『政治の起源――人類以前からフランス革命まで』を、二〇一四年に『政治の衰退――フランス革命から民主主義の未来へ』を刊行する。そこでフクヤマは、政治秩序を脆弱にしているおもな理由は、国家建設の欠如と国家の能力不足であると論じる。

『政治の起源』と『政治の衰退』は、ヨーロッパからアメリカ、中国、アフリカ、南アメリカまで、地球全体をカバーしている。

よい社会の象徴として持ちあげられるのは北欧人にはうれしいことだが、デンマークはすべての人にとって理想的で幸福な場所とはいえない。デンマークについてのフクヤマの主張は、次のような者の視点を通して考える必要がある。すなわち、国家がいかにうまく機能して民主的になるのかを理解したいと望む者、また最も重要なことであるが、国家の能力と職務遂行が確固たる法の支配の枠内にとどまらなければならないことを理解しようとする者の視点である。

国家の能力は重要である

共産主義後のロシアで何が起こったのか、その話からはじめさせてください。一九九〇年代の失敗は、国家とその能力についての理解とどう関係しているのですか?

アメリカ人の政策顧問たちが犯した最大の過ちは、自由化のプロセスを監督する強力で正統性のある国家がないとどうなるのかをよく考えずに、急速な自由化改革を強く求めたことにあります。ソヴィエトの国家が崩壊してできた空白は市場が埋めるだろうし、自由市場は自然に形成されるだろうと考えていたわけです。あとから振り返ると、集権的な計画経済からゆっくりと移行した国のほうがうまくいっています。

二〇〇四年に刊行された短いながらも重要な本、『国家建設』は、自由民主主義諸国について語る際に顧みられてこなかった問題を論じていて、興味深い一冊です。民主主義についてはいろいろなことが言われてきましたが、その「構造」と国家建設については論じられてきませんでした。国家建設とは何なのか、なぜそのテーマで本を書こうと思ったのか、教えていただけますか?

九月十一日の同時多発テロのあと、アメリカはアフガニスタンとイラクに侵攻しました。サッダーム・フセインを追い払いさえすれば、人びとは民主的になり、アメリカは撤退できると考えていたのです。そして文字通り侵攻後六か月で撤退する計画を立てていて、いかに制度をつくるのかをまったく考えていませんでした。彼らの頭にあったイメージは、『オズの魔法使い』のあの場面、つまり西の悪い魔女が死んでマンチキンたちがにわかに立ち上がり、大喜びでそれを祝う場面です。

アメリカは、どちらの国でも国家をつくる必要があることに気づきました。侵攻後、国家は崩壊していたからです。アメリカ人は国家があるのは当たり前だと思っていて、国家を嫌ってすらいます。実際、国家建設が重要だとは思っていませんでしたし、侵攻後にしなければならない必要要件だとも考えていなかったのです。そして突如として困難に直面したわけです。警察や財務省や保健プログラムが存在しなかったり、存在しても機能不全に陥っていたりするとき、どうやってそれらをつくればいいのかと。結局アメリカは、手引き書がないままイラクとアフガニスタンで大きな国家建設作業に取り組むことになりました。混沌とした自然状態のなかでどのように国家をつくるのか、それについての最も基本的な知識すらなかったのです。

アメリカがこの過ちを犯した原因は、一九八九年までさかのぼります。一九八九年には、あのようなかたちでソ連が崩壊したりベルリンの壁が崩れたりすることをだれも予期していなかったからです。東欧のどこでも、暴力はほとんど起こりませんでした。ハンガリー、ポーランド、チェコ共和国、バルト諸国——これらの国はすべて、うまく機能する民主主義国へと比較的スムーズに移行したのです。少なくとも最初の二〇年ほどは、これらの国はかなりまともな民主主義国で、これはある種の奇跡でした。わたしの友人の一部がこの経験から学んだのは、悪い独裁者を取り除きさえすれば、こうした自然なプロセスがあとにつづき、やがてうまく機能する民主主義国が成立するのだということです。そして不幸なことに、アフガニスタンとイラクでそれを実行に移そうとした。責任者の位置にいた共和党の政策立案者たちがその前に政権の座にいたのは、共産主義が崩壊したときでした。民主党政権のあいだに起こったバルカン半島やルワンダや第三世界でのありとあらゆる血なまぐさい軍事介入のことは見逃していたのです。当然ながらいまは、この種の軍事介入にはずっと慎重になる必要があると学んでいます。近いうちにアメリカがイラクやアフガニスタンのような戦争に突入することはないでしょう。

正確に何が問題で、それはなぜなのか、教えていただけないでしょうか。

国家にじゅうぶんな力がなければ、物事を動かすのは困難です。繁栄と安定を望むのなら、質の高い国家が存在することが重要なのです。近代国家がなければ、国の規模が大きくても小さくても関係ありません。幸福は得られないのです。いまの新型コロナウイルス危機を見れば、そのような国家が重要であることがわかります。

経済成長を促すために、国家ができる最も有益なことは何だと思いますか？

国家の中心機能は、一定の公共財を提供することです。防衛、法の執行、財政の管理などの基本的なことがら、ある種の基本的な社会サービス――インフラ、保健、教育といったものですね。国民の基本的な安全を確保する必要があることを除けば、このなかでとくに優先すべきものがあるのか、わたしにはわかりません。その国の状況によります。当然ながらイスラエルや韓国であれば、対外防衛の機能がはるかに重要になるでしょう。しかし前提条件は、それを上手におこなうことです。経済成長、民主主義、人権の尊重など、ほかに望まれるものの前提条件も同じです。

アメリカについての考えと北欧の印象を聞かせてください。

アメリカ人は、北欧のような非常に大きな国家を好むことはないと思います。

それに北欧の人は、ある種の最小限の国家を好むことはないと思います。つまり国家をつくるには、それがどうあるべきかについての国民の考えに基づく必要があるということでしょうか。

その通りです。

もうひとつの重要な側面が、対立を解消して妥協点を見出す政治体制の能力です。フクヤマさんは、「民主的政治制度の役割は論争を終結させることではない。合意されたルールに従って、論争を平和裏に解決したり緩和させたりすることが期待されている」[1]と書いています。フクヤマさんが国家機構の能力と呼ぶものにおいて重要な位置を占める、この対立を解消する力について説明していただけますか?

制度とルールが必要なのは、それが対立を解消して暴力に陥らないようにする手段になるからです。だからこそ国家が存在するわけです。国家が提供できるのが、まさにそれですから。国家は暴力を抑える道具で、その方法のひとつが、対立の場を街頭から議会に移し、喧嘩で解決するのではなく討論と熟議を可能にすることです。

近代国家は実際、『政治の起源』と『政治の衰退』のテーマでした。『歴史の終わり』を書いたときになおざりにしていたのが、この領域だったのです。国家はあって当たり前と思いがちです。豊かな国で暮らしていたら、電話をすれば警察がきます。ようするに、税金を払って、その見返りに何かを得ているわけです。わたしはかなりの時間を割いて発展途上国の問題を考えてきましたが、たとえばインドではこれは当たり前のことではありません。法が犯されたときに、だれかが確実に助けにきてくれるとは限らない。国家の法執行能力が非常に弱いからです。法を執行する国家がなければ、汚染物質を川に捨てても工場主には何も起こりません。

デンマークは政治秩序のメタファーである

フクヤマは一三〇〇頁もの紙幅を費やして、政治秩序の起源と、うまく機能する国家の重要性について書いた。つまり「デンマーク化」について考え抜いてきたということである。当然ながら政治の展開は経済や科学の現実から影響を受けるが、自由民主主義も経済成長、科学の発展、近代化を前提とするのだろうか。

『政治の起源』と『政治の衰退』の主張はシンプルですが、いずれの本にもさまざまなニュアンスが含まれています。フクヤマさんは国家の権力と能力、法の支配、説明責任を果たす民主主義を強調している。そして順番あるいは連続性が重要であると指摘しています。二〇一五年のオスロでの講演では、『政治の起源』を書いたのはデンマークへ、ついでにいうならノルウェーへと向かう道を見つけるためだったと冗談めかして言っていました。これはほんとうですか？

そうですね、オーフス大学で三年間、客員教員を務めていたので。

二〇〇九年から二〇一二年までそこにいて、二〇一一年に『政治の起源』が刊行されています。デンマークによい印象をもったのにちがいありません。なぜデンマークを選んだのですか？

バーニー・サンダースなど、デンマークが好きな人のほとんどは、社会民主主義国だからという理由で好いているのですが、わたしの場合はまったく異なります。「デンマーク化」とは、腐敗のない近代国家をもつことであって、これは単に国民に福祉給付金を提供する大きな政府をつくるよりもはるかにむずかしいことです。南アメリカの大きな国はみな、福祉国家をつくろうとして惨めなまでに失敗しました。わたしがこの問題に関心をもったのは、まさにそれが理由です。「デンマーク化」というフレーズは、わたしが考えたわけではありません。ハーヴァード大学ケネディ・スクールと世界銀行のマイケル・ウールコックとラント・プリチェットが、「デンマーク化」という論文を書いていたのです。[2] これは開発学の界隈での内輪の冗談のようなものでした。ウールコックとプリチェットは、すべての貧困国がデンマーク化するためのひな形があると考えていたのですが、あまり現実的ではありませんでした。

とはいえ、よいフレーズです。「デンマーク化」についてフクヤマさんはこう説明しています。「デンマーク」というのは、よく機能する国家機関を備えた国の象徴なのだと。ただ、さらに疑問を投げかけてもいます。仮に「デンマーク」がどのように機能していて、それがどう誕生したかわかっていたとしても、実際のデンマークとは文化の面でも歴史の面でも大きく異なるほかの国に、有用な知識をうまく応用できるのかと。

ええ。当時、世界銀行でガバナンスの問題に取り組んでいた人はみな、タンザニアやミャンマーやソマリアをある種のデンマークにするモデルを暗に想定していました。そんなことは不可能だとは、なかなか認められなかったのです。

フクヤマさんはデンマークを訪れています。短期的に滞在していただけですか？　あるいはそこで暮らしていたのでしょうか。

三年間、繰り返し訪問して二、三週間ずつ滞在し、カンファレンスでたくさん研究報告をしたりしました。

そこで過ごすうちに得た、最も有益な知見は何ですか？

デンマークの大学はアメリカの大学とよく似ていると思いました。選抜が厳しいからです。フランスやドイツやオランダでは、だれでも入学させるのが受け入れの方針で、その後、三分の二の学生が勉強についていけず退学します。選抜はまったく厳しくありません。デンマークの大学は、アメリカの学術機関にずっと近い。より厳しく選抜して、学生の質を確保する。政治学の分野では、教員の質がとても高いと思いました。アメリカでは計量・数理的な政治学へと大幅に舵を切って、多くの教員が現実世界のことを語らなくなってしまいました。一時期、デンマークもややそちらのほうへ向かいつつありましたが、それでもデンマークの人たちは、かつてのもっとおもしろい政治学の伝統にずっと深く根ざしていると思います。

その後の研究に利用できることは何か学びましたか？

ひとつは単純に、デンマークの政治が動く仕組みを見たことです。社会的合意（コンセンサス）を土台として成り立っていましたから。コンセンサスを追求するのは、移民やその他の課題を考えると、弱点でもあると思います。デンマークが長期的にこのコンセンサスを維持できるかは興味深い問題です。ただ、ほかに文化の面でも興味をひかれたことがあります。オーフス大学にいたとき、そこでナショナル・アイデンティティについての非常に興味深いカンファレンスがありました。わたしもペーパーを書いて、それは結局、わたしの著書で、アメリカ人のナショナル・アイデンティティの発展について論じる章になりました。[3] そのカンファレンスでの議論がいくつか記憶に残っています。デンマーク人と結婚して一〇年ほどデンマークで暮らしているアメリカ人女性がいて、こんなふうに言っていました。「この国に受け入れられているとはまだまったく感じられません。デンマーク人が子どものころから身につけたちょっとしたしきたりがいろいろとあって――どの食事のときにどんな魚を食べるのかとか、ささいな決まりごとです――、それを知らなければ、よそ者として扱われるのです」。物事の仕組みについて、このようなちょっとした見解に触れるのは単純におもしろいことです。

強力なデンマーク国家へのプロテスタントの影響

宗教改革五〇〇年を記念して、二〇一七年にフクヤマはルターについての論文を三本書いた。そのうちの二本では、近代国家の誕生におけるルターの重要性と、近代自由主義への宗教改革の影響を論じている。

――近代国家の誕生において、ルター派とカルヴァン派のプロテスタント主義はどれほど重要だったのでしょうか。

北ヨーロッパにはルターがいて、ジャン・カルヴァンもいます。宗教改革のこの両翼は、それぞれ重要ながらも異なる影響を近代化に与えました。ルター派の影響は、国家を強化してその力を集権化した点で重要でした。ヨーロッパ各地の諸侯が宗教改革を口実にカトリック教会の所有地を奪い、それが国家に組みこまれたのです。ルター派は人びとが自分で聖書を読むことが大切だと考えてもいましたので、読み書きを大衆に普及させるのもあと押ししました。一方でカルヴァン派は、腐敗を取り除くのに非常に重要な役割を果たしています。カルヴァン派の伝統では、ある種の厳格な個人的道徳観が育まれていたからで、それがオランダ、プロイセン、イングランド、アメリカでの近代官僚制の成立にとって重要だったのです。

結局のところ、腐敗はとても自然なものだとわたしは思います。人は友だちを助けたいし、家族を助けたいものなのです。個人的な感情を交えるべきではなく、友人や家族のために不正を働いてはいけないという考えは、強制されなければ出てきません。カルヴァン派は信者にある種の道徳観を押しつけ、そのおかげで厳格な秩序ができて、これがまちがったことであると官僚に言い聞かせる環境ができたわけです。こうしたルールを内面化していなければ、いくら外から監視されても人はほんとうに誠実にはなりません。

『政治の起源』と『政治の衰退』というふたつの大著で示した最も オリジナルな考えは何ですか？

オリジナルな考えかどうかわかりませんが、この歴史全体から導き出した、ただひとつのメッセージは、近代化と発展に最も役立つのは近代国家をもつことだけれど、近代国家はつくりあげるのがきわめてむずかしい制度だということです。近代国家は、一般に考えられているよりはるかに重要です。

＊＊＊

たいていの人は、とりわけデンマーク人は、自分の国がどのようにして自由民主主義国になったのかを知らない。どの国もデンマーク人の歴史、文化、政治体制をコピーすることはできないが、教訓を学ぶことはできる。アダム・プシェヴォルスキとフェルナンド・リモンギが一九九七年の論文「近代化――理論と事実」("Modernization: Theories and Facts")で主張しているのは、国民ひとりあたりの所得が一九七五年のアルゼンチンのレベルである六〇五五ドルに達し、公正で自由な選挙によって何度か政権を交代させることに成功したら、その国は民主主義にとどまるということである。政治秩序がいつどのように成立するのかは重要なのか。これが次の問いである。

注

1 Fukuyama, *Political Order and Political Decay*, 490.（『政治の衰退』下巻、二七六頁）

2 ラント・プリチェット（Lant Pritchett）とマイケル・ウールコック（Michael Woolcock）が最初に「デンマーク化へのいちばんの道」について問いかけたのは、共著論文「解決策が問題であるときの解決策」（"Solutions When the Solution Is the Problem."）でのことである。

3 Fukuyama, *Political Order and Political Decay*, chapter 12, "Nation Building."（『政治の衰退』上巻、第12章「国民形成」）

10 いかにして民主主義国をつくるのか

　フクヤマは政治史、社会史、宗教史、思想史を土台に分析をしている。まず法の支配の発展を検証する。次に国家の起源と、能力主義の官僚制の価値と重要性をたどる。官僚制については、関係するのはヨーロッパの思想史だけではない。ヨーロッパよりもはるか前に中国に能力主義の官僚制があった。自由民主主義の歴史的発展は、アメリカとヨーロッパで異なる道をたどる。フランスとドイツでは法の支配がまず成立し、次に官僚制を備えた近代国家ができて、最後に民主化が起こった。アメリカでは最初にイギリスのコモン・ローがやってきて、次に民主主義が成立し、最後に近代官僚制が発展した。

　サミュエル・ハンチントンの一九六八年の著作『変革期社会の政治秩序』の仮説は、秩序――すなわち制度と法の支配――がまずできて、その後、経済が発展するというものだった。『政治の衰退』でフクヤマは次のように書く。「ハンティントンの名著は、政治的発展は経済や社会の成長とは別のプロセスであり、政体が民主化できる前に基本的秩序を生みだす必要があるということを人々が理解するうえで大切な役割を果たした。ハンティントンの本と私の本は形式も中身も違うが、私は彼と基本的には同じ結論に達した」[1]。ヨーロッパでは政治秩序を確立するのに数百年かかった。現在、多数の発展途上国にとっての課題は、たくさんのことをどうやって同時にすすめるかである。

観念も社会構造も重要である

歴史を論じたフクヤマさんの著作を読むのに多くの時間を割き、自由民主主義の構成要素とそれが時間の経過とともに現れる順序の重要性を理解しようとしてきました。思想史の研究者として、歴史の展開と観念、このふたつの相互作用および互いの影響関係に興味をひかれます。自由民主主義のさまざまな構成要素が現れる順序と、歴史におけるその重要性について話していただけますか？　また、観念と歴史の展開との互いの影響関係についてどうお考えですか？

そういったことを理解する体系的な方法があるとは思えませんが、因果関係が双方向に働いているのは明らかだと思います。特定の観念が特定の時期に受け入れられるのは、物質面でそれを妥当とする状況になるからですが、それですべてが説明できるわけではありません。物質面の状況は何百年も同じだったのに、それまでとは異なるやり方で物事を概念化する人が出てきて、突如として変化が生じることもあります。これはアラン・ブルームがずっと昔に指摘していたことで、わたしも正しいと考えています。物質面の状況と観念のどちらが優位かをめぐっては、マルクスとウェーバーのあいだで根本的な対立があります。カール・マルクスは、宗教は人びとのアヘンで、資本家が労働者を従順にさせたりするためのある種のおとぎ話にすぎないという。ウェーバーは、因果関係はそれとは正反対の方向に働くのであって、資本主義そのものも、プロテスタント主義によって伝えられた特定の観念がなければ生まれなかったというわけです。

社会学方法論についての著書のどこかでエミール・デュルケームが論じていますが、人は出来高払いによってモチベーションを得る――つまり成果をひとつ出すごとに報酬をもらえるとよく働く――と経済学者は言うけれど、一部の社会では、人はあるていどの額のお金を稼いだら働くのをやめます。無限のお金よりも余暇に価値を見出しているからです。これはある種の社会規範の影響です。カトリック教会は、よき生を送るのにじゅうぶんなお金だけあればよくて、それ以上は貯める必要がないというのです。こんなふうに、人びとの望みをかたちづくるのに観念がかなり重要な役割を果たす例がたくさんある。観念はとても重要だと思っています。ありとあらゆる領域に見られますから。物質面の状況と観念はいっしょに動きます。コンビですね。

『政治の起源』では、歴史上の観念や出来事がいくつか論じられています。たとえば超越的な宗教、初期の個人主義、家族のパターンと相続、教会と国家、法の支配、ルネサンス、ルター、近代国家の創出、印刷、能力主義の官僚制などです。フクヤマさんの考えでは、歴史上、自由民主主義国のおもな土台になった思想史、政治史、経済史の節目の出来事は何ですか？

ええ、これらはどれも重要です。しかしあまり理解されていないのが、家族に関係することです。学生にちょっとしたクイズを出すことがあります。ヨーロッパ人が大家族で暮らすのをやめて核家族化しはじめたのは歴史上のどの時点かをたずねるのです。たいていの学生の答えは、あまりにも遅すぎます。産業革命やルネサンスといった答えが返ってくるのですが、実はこうした大きな血縁集団は、中世初期にはヨーロッパから消えていました。あまり知られていない歴史ですが、これは自由主義が登場するためにこのうえなく重要だったのです。親類関係に深く根ざした社会体制のもとでは、自由主義社会は成立しません。たとえば、インドでは真の自由主義社会を成立させるのは非常にむずかしい。家族からの社会的圧力があるからです。いまでも家族があらゆることを決めていて、結婚はふたりの個人ではなくふたつの家族の結びつきです。

おそらく王や女王は別にして、一般の人たちには個人主義は早い時期に訪れたということでしょうか。

ええ、マルクスはこの点でもまちがっていました。市民階級（ブルジョア）の台頭によって家族が弱体化したと彼は考えていましたが、家族のほうで「準備」がすでに整っていなければ、ブルジョア階級は台頭しなかったと思います。

こうした小規模家族と一人ひとりが自由に選択できる可能性が重要になったのと同時に、個人が重要になった？

ええ。家族における個人主義が、すべての個人主義の源です。相続も重要でした。権利は平等ではありませんでしたが、それでもヨーロッパでは、中国、インド、中東、その他の厳格な父系社会よりもはるかに女性が財産を相続しやすかった。父系社会では、財産は必ずすべて家系の男性側に引き継がれますが、ヨーロッパでは異なります。このような個人主義の社会的な土台がその後、自由主義の明確な理論に移し替えられたのです。多くの人が、自由主義に先行する社会の変化がいかに重要かを理解していません。

歴史の順序によって現在の政治秩序が説明できる

フクヤマは『政治の起源』と論文「民主主義への移行には、それにふさわしい順序があるのか」("Is There a Proper Sequence in Democratic Transitions?")で、歴史の順序について書き、それがきわめて重要であると論じている。

「民主主義が近代国家形成に先行した国が、絶対主義の時代から近代国家を引き継いだ国よりも質の高い統治を行うのははなはだ困難であった」[2]というのはほんとうでしょうか。あるいはその反対が正しいのですか？　また、この順序がいまは当てはまらない可能性があるとおっしゃっているのはなぜでしょう。

歴史の問題では、順序がかなり重要です。最初の制度として強力な国家をつくると、多くの場合、それによって法の支配や民主主義の出現が阻まれます。国家があまりにも深く根を張り、強力になりすぎて、社会がみずから組織化するのを阻むのです。中国の状況がこれですね。ヨーロッパの経験はかなり異なります。最初の制度として法律があって、その後、既存の法律を背景に強力な国家が出現しようとする。したがって、国家に歯止めをかけようとする動きと国家の権限を広げようとする動きのあいだで大きな対立があるのです。国家が「勝利」したロシアから法律が「勝利」したイギリスまで、ヨーロッパではその結果はさまざまです。基本的に、王は非常に早い時期に法の下に置かれました。

民主主義をつくるのは、順序の最後の段階です。順序立てて開発をすすめようとする政策全般にわたしが賛成できないのは、こうした順序を意図的に決めることはできないからです。さまざまな国でたまたまこうした順序になっただけで、「では、最初に法の支配を片づけて、五〇年後に国家をつくり、そのあとに民主主義を成立させましょう」といったことを言える立場にはだれもいません。そんなふうにデンマーク化はできない。この種の決定をできる人はいないのです。いまはだれもがすべてを同時にやりたがっていますが、これは問題です。多くの場合、民主主義を早い時期に導入すると、近代国家を固めるのが非常にむずかしくなるからです。民主主義が利益誘導への要求を生むのがその理由です。

国による歴史のちがいが、現在の自由民主主義諸国の働きに影響を与えています。ヨーロッパと比べてアメリカでは官僚機構がはるかに弱く、国家への信頼と社会的信頼が低かった。いま、この問題についてはどう説明しますか？

アメリカ人の国家不信はやや病的で、国民は身動きがとれない状態に閉じこめられています。国家を信用していないので、税金を払いたがらない。国家に権限を与えたくないから、国家は公的な医療を提供できない。国家が財やサービスを実際に提供できないと、国民は「ほら見ろ、国は無能だ。税金は払わないし、権限もこれ以上は与えないぞ」と言う。悪循環です。アメリカのほかに南アメリカの多くの国もこの状態に陥っています。

ハンチントンが示す順序づけの理論は、強い批判を受けました。必要であれば民主主義を導入する前に「権威主義」の段階を経るほうがいいとも論じていたので、彼は権威主義者であるとして非難されたわけです。民主主義に先行して政治秩序が確立されなければならないというハンチントンの主張は、秩序を確立するために権威主義の段階を受け入れていると見なされたわけですが、これをめぐる論争についてコメントはありますか？

権威主義による移行は東アジアでうまくいった戦略ですが、どこでも有効なものではありません。国家と民主主義に類するものを同時に確立した国、あるいは少なくとも近代国家へ移行した国がたくさんあります。権威主義の段階をすべての国が経なければならないということは、まったくありません。

ハンチントンはそう考えていたのでしょうか？

絶対的な必然性のあるパターンだと考えていたかはわかりませんが、この権威主義による移行のアイデアを考え出したのはハンチントンで、これは権威主義体制のもとで急速な経済成長を遂げた東アジアのモデルに広く見られます。これはほかの国にも移転できるモデルでした。しかし、軍事政権だらけだった一九七〇年代の南アメリカでこのモデルが機能しただろうと考えるのは、あまり現実的ではありません。結局のところ、開発のためになることをほとんどしていない非常に悪質な権威主義政権のもとにとどまるよう人びとに求めることになります。

経験をうまく真似する

フクヤマさんの著作は、ヨーロッパとアメリカだけでなく、はるかに広い範囲をカバーしていて、東南アジア、日本、中国、アフリカと南アメリカのいくつかの国も含まれています。開発についてはどう考えているのですか？

世界の特定の場所についてある種の文化決定論に陥らないようにして、そこが発展することはないと決めつけないようにすることが重要です。一〇〇年ほど前には、東アジアは発展しないというのが欧米での通説でした。中国人は合理的でなく、あれやこれやの文化的慣行を欠いているから、中国が近代化することはないという主張をいくらでも引用できます。でも、いまの状態を見てください。それどころか、儒教と道教についてのウェーバーの著書でも、次のようなことが論じられているくだりがあります。「中国よりも近代化する可能性が少ない国があるとしたら、それは日本である」。ですから、こうした大ざっぱな主張をするのにはやや慎重になる必要があります。

フクヤマさんの二〇一〇年の編著『後れをとる――南アメリカとアメリカの発展の差を説明する』(*Falling Behind: Explaining the Development Gap between Latin America and the United States*. 未邦訳）では、

フクヤマさんと共著者のみなさんが、うまく機能する政治秩序が南アメリカに欠けている理由をいろいろと論じています。こうした理由は、順序の話とどう結びつければいいのでしょうか。

南アメリカの「原罪」は、スペインの植民地主義から引き継いだきわめて大きな格差にあります。スペイン・ハプスブルク朝は、収奪的な経済体制をつくって南北アメリカの富を搾取しました。南アメリカの多くの場所で、クレオールと先住民が民族的に区分され、社会の階級を際立たせていました。これが現代のはっきりとした分断につながり、経済成長をきわめて困難にしているのです。成長が広く分かちあわれないからです。

フクヤマさんが言及しているように、ジャレド・ダイアモンドとジェフリー・サックスは物的資源が成長を決めると論じていますが、ダロン・アセモグルやジェイムズ・ロビンソンといったほかの人たちは、この主張を斥けています。[3] 資源は制度に媒介されていなければ意味がないというのがその考えです。ある意味ではこれは、ノルウェーの状況を彷彿とさせます。ノルウェーには石油がありましたが、ノルウェーの成功の鍵は、それを組織化するやり方にあったと思うのです。これはベネズエラでの石油をめぐる状況とは対照的です。

やはりここでも、観念と社会構造の両方が長期的に見て結果に大きな影響を与える例をたくさん見つけることができます。アルゼンチンの例を使って少し補足させてください。いまは気候と地理が結果に与える影響の重要性について、ふたたび考えられるようになっています。プランテーション農業と呼ばれるものが、民主主義にとって非常にマイナスだったという議論をまじめに展開することもできるわけです。これはジャレド・ダイアモンド的な考えですね。ほかにもスタンリー・エンガマンやケネス・ソコロフといった経済史家が、南アメリカと北アメリカについてとても有名な論文を書いています。[4] 彼らは、サトウキビや綿の大規模プランテーション農園では奴隷労働を非常に使いやすく、他方で小麦やトウモロコシは家族経営の農場のほうがはるかに栽培しやすいと論じている。多くの熱帯国で非常にヒエラルキー的な社会が見られ、北アメリカで家族農業がより民主的な社会につながったのはなぜか、それについてのひとつの説明がこれです。

アメリカでの綿の歴史を見ると、奴隷制は独立戦争のときには姿を消そうとしていましたが、その後、イーライ・ホイットニーが綿繰り機を発明します。突如として、奴隷労働によって容易に栽培できる大きな換金作物が登場し、そのおかげでチャンスが生まれたのです。奴隷とさまざまな奴隷関係の制度がカリブ海地域からアメリカ南部に輸入され、当然ながらこれがアメリカ社会に非常に悪い影響を与えました。ですので、気候と地理は重要だと思います。

しかしアルゼンチンと北アメリカのちがいを考えると、これとは反対のことが示されているように思えます。つまり、重要なのは気候と地理だけではないということです。アルゼンチンはアメリカ中西部のように発展してもおかしくなかったはずです。気候は穏やかで、作物や畜牛を育てるのに適したひらかれた土地がたくさんあって、ヨーロッパからの移民も多いのですから。けれども、一八六〇年代にアメリカの連邦議会が自営農地法(ホームステッド)を通過させているまさにそのとき、アルゼンチンは少数の裕福な家族のもとに土地を集中させていました。自営農地法はようするに、西部のひらけた公有地をすべて家族経営の農家に分配する法律です。土地を集中させるというアルゼンチンの決断は、その一〇〇年後に甚大な結果を招きました。土地を所有するエリートがその後、軍のうしろ盾になったからです。このように、単によくない判断をしただけということもあるわけです。そういう可能性も考えてみる必要がある。アメリカでは、ある種の民主的なイデオロギーがあって、それが自営農地法のようなものの背景に存在したのですが、アルゼンチンにはまだスペインの権威主義的な集権体制が残っていたのです。

より広く、ほかの「後れをとっている国」は、どうすればうまく機能する政治秩序にたどり着けるのでしょうか。西欧諸国のように何百年もかけられないとわかったうえで、どうやってそこに到達すればいいのですか?

現代の発展途上国が有利なのは、ひとつには、ゼロから出発しなくていいことです。ほかの国のさまざまな経験があって、それを輸入できるわけですから。デンマークをそのままほかの国が輸入することはできませんが、少なくとも、特定の制度がほかの場所で機能したことがわかっていたら、参考にはなります。いろいろなことを真似して実験できる。すべてを厳密にコピーしようとせず柔軟に取り組めば、それをうまく機能させられると思います。欧米の制度を真似するという点で、最も成功を収めた国のひとつが日本です。「これはうまく機能するだろうが、これはだめだろうな」といった具合に、自分たちの社会で受け入れられるものは何かを考えて、それに基づいて選択的に真似をしたのです。王(シャー)のもとでのイランなど、ほかの国はそこまでうまくできませんでした。イランの例は、急速な近代化が保守的な社会で大きな反動を生んだモデルです。重要なのは、それぞれの国が自国の歴史的・文化的な過去をもとに発展して、政治体制をみずからの社会に適応させることです。

新興の民主主義諸国で、わたしたちは国家建設にどのようにアプローチすべきですか?

外国が国家制度をつくって、その外国が撤退したあとも制度が崩壊せずにつづいた成功例はあまりありません。日本はアメリカによってつくられたわけではなく、戦前からまとまりのある近代社会でした。アメリカがそのようにしたわけではないのであって、この仕事に取り組もうとしてきたさまざまな機関は、あまりかんばしい成果を挙げていません。わたしが友人と書いた共著論文がひとつあって、近々刊行される『オックスフォード・ハンドブック・オブ・ザ・クオリティ・オブ・ガバメント』(*Oxford Handbook of the Quality of Government*)に収められる予定ですが、そこでの結論は、先進国と発展途上国のほとんどの場所で、腐敗を全体として大きく改善するのに成功したことを示すデータはあまり見つからないというものです。その理由は、腐敗がエリートの利己心にかなっているからです。エリートたちを権力の座から取り除いて、その種の行動を防ぐ制度に置き換えなければ、あまり進歩は望めません。外国の関係者(アクター)のほとんどには、その種の政治変化を実際にもたらす力がない。これが基本的な主張です。

そうしたエリートには教育が必要です。どのようにすればいいのでしょう。

よい教育制度が重要であることはわかっています。それが経済の成功につながるかはわかりませんが、その前提条件ではあります。教育機関がさまざまな層にひらかれていることがかなり重要であることもはっきりわかっています。けれども、それでじゅうぶんかはわかりません。また、初等教育と高等教育の役割のちがいもあります。教育の取り組みの多くは、きわめて善意のものです。すべてはひらかれたものであるべきですし、だれもが教育を受けられるべきです。

たとえば、わたしが二〇〇〇年代なかばに研究対象にしたパプアニューギニアを見てみましょう。とても興味深いのですが、第一世代の指導者たちは、イギリスがつくった高校で教育を受けていました。パプアニューギニアの問題は、信じられないほどたくさんの部族に分かれていることです。人口五〇〇万の国で、九〇〇もの異なる言語が使われているのです。植民地当局は、意図的に国のさまざまな場所から高校生を集めて、地元ではない場所に移動させました。独立後の最初の世代の政治指導者たちは、ひとり残らずこの同じ高校に通っていたのです。みんな互いのことを知っていて、それがかなりうまく機能しました。しかしその後、この取り組みはなくなって、エリートは子どもをオーストラリアやニュージーランドの私立学校に送るようになります。かつて得ていた共通の経験がすべて失われたのです。部族の壁を越えてコミュニケーションをとれるエリートがいなくなってしまいました。長年わたしは、ある一定の人びとに対する高等教育にふたたび焦点を絞る必要があり、その後、その教育システムを広げてすべての人を含めればいいのではないかと考えていましたが、まずは限られた範囲の人に焦点を絞らなければなりません。

＊＊＊

サミュエル・ハンチントンとフクヤマは、順序の問題については互いに似かよった立場をとっているかもしれない。しかしフクヤマは、アメリカ人のアイデンティティは正式な政治制度だけでなく移住してきた人びとのアングロ・プロテスタンティズムによっても形成されたというハンチントンの主張を批判している。

注

1 Fukuyama, *Political Order and Political Decay*, 7.（フクヤマ『政治の衰退』上巻、七～八頁）
2 Fukuyama, 30（フクヤマ、四二頁）。
3 Diamond, *Guns, Germs and Steel.*（ダイアモンド『銃・病原菌・鉄』）、Sachs, *End of Poverty.*（サックス『貧困の終

焉』）、Acemoglu and Robinson, *Why Nations Fail.*（アセモグル、ロビンソン『国家はなぜ衰退するのか』）

4 Engerman et al., "Factor Endowments, Inequality, and Paths of Development."

11 社会が動く仕組みをいかに理解するのか

ここまでは、観念と歴史について語ってきた。次は、フクヤマが学問上の関心分野にいかにアプローチしているかに目を向ける。繰り返し登場するテーマが、経済学者の方法論とアプローチへのフクヤマの批判である。背景を少し説明しておくと、フクヤマの懐疑的な態度を理解するのに役立つだろう。フクヤマはシーモア・マーティン・リプセットに誘われてジョージ・メイソン大学で教えるようになり、一九九六年から二〇〇一年まで公共政策の教授を務めた。リプセットの追悼論文で、フクヤマは次のように書いている。

「わたしはジョージ・メイソンで五年間、彼の同僚としてすばらしい日々を過ごした。当初は、公共政策研究所の最初の建物だった二倍幅のトレーラーハウスにいて、互いの研究室もすぐそばだった。マーティとわたしは毎年、博士課程の公共政策の授業と〝文化と公共政策〟の授業をともに担当したが、これはこのうえなくためになる経験だった」[1]。これはさまざまな政治体制を比較分析するコースであり、リプセットが長年関心を寄せていたテーマだった。[2]

ヤシャ・モンクは「歴史の終わりを再考する」でフクヤマの方法論について論じ、いかにリプセットの経験主義的なアプローチの伝統が消え去り、「大きなNの統計的研究と合理的選択モデルに焦点を合わせた計量・数理政治学」に取って代わられたかを示している。[3] これはフクヤマの関心事と、政治の発展についての彼の理解からはかけ離れている。

比較分析は有用なアプローチである

次はシーモア・マーティン・リプセットについて聞かせてください。出会ったのは一九九〇年代のことですね。

ええ、おそらく先にも触れたと思いますが、わたしはランド研究所を去って、当時急成長していたジョージ・メイソン大学に移りました。ポストがひとつあいて、マーティがわたしを採用するよう推薦してくれたのです。それが初めて得た大学での職でした。わたしがリプセットから学んだと思っていることは、そのほとんどがアメリカ例外論と関係しています。彼は研究者として歩みだしたときからそれについて書いていましたからね。最後の著書は『アメリカ例外論』というタイトルでした。[4]

献辞はハンチントン宛になっていますが、リプセットこそが『政治の起源』と『政治の衰退』の「後援者」なのではないですか？　リプセットからどのような影響を受けて、互いにどのようなことを学びあったのでしょうか。

アメリカについてのわたしの理解と、アメリカの一連の政治制度がほかと大きく異なる理由についてのわたしの理解は、リプセットから大きな影響を受けています。ヨーロッパの制度やアジアの民主主義国の制度と比べて、自分たちの制度がいかに奇妙なのか、アメリカ人にはわからないことがあります。リプセットは、わたしがそれを理解する手助けをしてくれたと思うのです。アメリカ人は国家に対してずっと変わらない深い不信感を抱いていて、そのために、ほかの民主主義諸国と同じようなやり方では近代国家をつくることができずにきました。歴史的な経験が異なるのです。

わたしは経済学者で思想史研究者です。わたしの理解では、フクヤマさんは歴史に拠っていますが、ほかにも哲学、社会学、心理学、その他の関連分野も参考にしています。狙いは「行きすぎた抽象化（エコノミストの悪弊）と行きすぎた瑣末主義（多くの歴史家、文化人類学者の悪弊）の落とし穴をともに避ける中庸の理論だ」として、「19世紀の歴史社会学や比較人類学の失われた伝統のなにがしかを取り戻してみたい」[5]と書いていますね。『政治の起源』と『政治の衰退』の構成については、どう説明しますか？　焦点を合わせるものを、どのようにして選ぶのでしょう。

いま引用してくださったくだりにあるように、歴史の厖大な事実を検討するには理論的な枠組みが必要です。けれども、その枠組みから出発することはできません。「理論の枠組みはXだと思う」といって研究をはじめ、いろいろな国のことを調べて、すべてをその枠組みのなかに詰めこもうとしてもだめです。マルクス主義の伝統の大きな問題がこれでした。マルクスは封建制が資本主義に先行すると言っています。したがってマルクス主義派の研究者はみな、インドや中国など、それがまったく意味をなさないところで封建制を見つけなければならないわけです。そんなことはすべきではありませんし、さまざまな国の経験的な事実についての知識から理論を導き出せるようにしなければなりません。

両者を行き来しなければならない？

ええ、事実によって理論が正しいと示唆されることもあれば、理論がまちがっているとわかることもあります。ひとつのプロセスのようなものです。ひたすら行き来をつづけなければなりません。理論を調整する必要があるときもあれば、すべてを覆す事実が判明することもあります。理論は厳密な方法論ではありません。

フクヤマさんは、政治秩序の比較研究に取り組むことを選んだわけです。世界中のあらゆる種類の国を選び、さまざまな体制を説明していて、『政治の起源』と『政治の衰退』は多くの情報が詰まった大部の本になっています。

ええ、ある意味では知的に傲慢な本ですね。でもそれが実は役に立っていると思います。多くの研究者が、ひとつ、あるいはせいぜいふたつの地域をもとにして一般化します。しかしその後、こうした一般化されたものを根底から覆したり、あるいは証明したりする別の地域があるとわかったり、互いに関係があるとは思ってもみなかった地域のあいだに共通性が見つかったりする。たとえば中国を扱った章がいくつかありますが、そこでわたしは、近代初期のヨーロッパで近代国家が登場したのは戦争が関係しているという有名な仮説について書きました。[6] わたしが見るかぎり、この仮説は古代の中国にも完璧に当てはまります。中国に強力な国家の伝統があるのは、五〇〇年にわたって戦争をして、その戦争がヨーロッパでの戦争が生んだのと同じあらゆる影響を与えたからなのです。しかしわたしが知るかぎり、だれもこれを指摘していません。地域や歴史上の時代の枠を超えて比較することに慣れていないからです。

国家建設の本はリプセットに捧げています。彼の考えはあの本にどのような影響を与えたのですか？

あの国家建設の本は、国家をつくる実際的な取り組みについての一冊でしたが、リプセットの影響はおそらくその点にあると思います。

「ひとつの国しか知らない人は、どこの国も知らない」とリプセットがよく言っていたと、フクヤマさんは何度か言及しています。リプセットが亡くなったときの追悼論文でも、「さまざまな国を横断して物事を見ることによってのみ、自分の国の典型的なところや独特なところを理解できる」[7]と書いています。またフクヤマさんは、〝小さなN〟の比較手法にも言及しています。政治学になじみのない読者のために、小さなNの比較手法について説明していただけますか？

社会的行動を理解するのには、基本的に三つの手法があります。ひとつが〝大きなN〟の手法です。これは最も広く用いられている統計手法で、できるだけ多くのサンプルを集め、さまざまな統計の技法を使って因果関係を証明しようとするものです。それとは正反対で、歴史家や人類学者が用いる手法が〝ひとつのN〟です。基本的にひとつの社会だけを研究して、それを非常に詳しく調べる。その中間にあるのが〝小さなN〟の手法です。いまではほとんど使われなくなりましたが、これは比較をおこなう手法で、ひとつのNの研究の深さと大きなNの研究の規模を組み合わせようとするものです。また比較分析をするのは、あるていどの一般化を試みるためでもあります。そうすることで、政治秩序のパターンを認識できるわけです。おそらくこの時点で、四つ目の手法もあることを言っておかなければならないでしょう。なんらかの変化や介入を経験したコミュニティと、介入を受けていないそれと同等の対照用コミュニティとを比較する手法です。

小さなNの伝統をフクヤマさんが復活させたのは、すばらしいことです。

どうでしょう。わたしがそれを復活させたとは思いません。比較はしなければなりませんが、その際には比較対象にする国の特殊なコンテクストを深く理解している必要があります。

文化と制度は重要である

『後れをとる』でフクヤマは、制度とは「正式で目に見えるマクロ政治のルール——大統領の職、選挙制度、連邦制など——であり、憲法と法律によって定義される」ものだと多くの人が考えていると言う。[8] 正式な制度を変えるのは比較的簡単だが、インフォーマルな制度を変えるのは容易ではない。さらにフクヤマは、政治の機能不全について論じた論文でハンチントンを引用している。「制度は、ハンチントンが言うように〝安定し尊重され反復される行動の型〟であり、その最も重要な役割は、集団での行動を容易にすることにある」。[9]

これらはすべて、社会がいかに機能するのかを理解するにあたって重要な問題である。文化と規範は〝粘っこく〟、通常はゆっくりと変化する。我々は制度に忠実で、場合によっては、制度が衰退しはじめてかなり時間が経ったあとでもそれに従う。制度はゆっくりと衰退するので、それに気づくのがむずかしいこともあるからだ。

制度について話さなければなりません。制度を理解することがますます重要になっていて、うまく機能する制度は自由民主主義にとってきわめて重要です。フクヤマさんの見解と定義は、ハンチントンのものと同じですか？

ハンチントンによる制度の定義は、ダグラス・ノースのものよりはるかに具体的です。ノースはただ制度はルールだと言うだけですが、ハンチントンは、制度は安定し尊重され反復されて自律していると言っていて、ずっときめが細かい定義を示しています。制度が決定的に重要なのは、それが調整の役割を果たすからです。だからこそ制度がある。ルールがなければ、人と人は協力できません。制度は人と人がともに動けるようにする持続性のあるルールにほかならないのです。ノースやその他の制度派経済学者は、経済成長にとって最も重要な制度として財産権を強調します。財産権はたしかに重要ですが、開発の世界ではノースのせいでそれが強調されすぎています。[10] そのほかにも現代世界を成り立たせている制度がたくさんあるのです。経済成長を説明する際に制度のことを考える必要があるという点については、わたしもほかの人も異論はありません。

重要なのは、制度には時間の経過とともに統合を強める効果があること、制度が社会に合致していること、制度がすべてのメンバーを包摂していることです。こうした特徴が顕著に見られる社会には、対立や意見のちがいを処理する道具があることになります。そうした包摂的な制度について、いくつか例を挙げていただけますか？

国によって、あるいは社会によって異なります。当然ながら最も基本的なのは参政権ですが、欧米で参政権がなかなか普遍化されなかったのは興味深いことです。スイスの一部の州では、一九六〇年代まで女性には選挙権がありませんでした。これはかなり遅い例ですが、よき民主主義国と見なされている国でも、二十世紀はじめまで女性に選挙権を与えていなかったのです。ノルウェーで女性が選挙権を得たのはいつですか？

ノルウェーでは早くて、一九一三年です。

そうですか。ご承知の通り、これは最も基本的な包摂の仕組みです。わたしはいまは、ほかのテーマに焦点を合わせています。たとえば、女性にとっての問題はもはや法律上の平等ではありません。それはずいぶん前に確立されています。より大きな問題は、社会的な平等と、女性が働いている職場での人びとの振る舞いにあります。ですから、#MeToo は実のところほぼ完全に、社会的規範と男性がいかに振る舞うべきかについての運動なのです。ゲイ、レズビアン、トランスジェンダーの人たちを認め受け入れることも同じです。これについて取り上げられるようになったのはもっとあとのことで、そこには法律的な側面もありました。ただ、法律だけで解決する問題ではありません。それを内面化する必要があるのです。

二〇〇四年にフクヤマさん自身も制度について問いを投げかけています。この研究分野は混沌状態にあるとフクヤマさんは言っている。鍋にいろいろなものがたくさん入っていて、シチューのなかの どの概念が重要かを見分けるのがむずかしいと。『「大崩壊」の時代』では、規範、文化、社会関係資本について書いています。保守的傾向によって制度の変化が阻まれることがあり、それが衰退の原因になる可能性があるのだと。たしかアメリカ林野部の例を挙げていました。

アメリカ林野部も、ほかの多くの機関と同じ問題を抱えていました。あまりにも硬直していたのです。林野部は特定の利害関係者に乗っ取られ、国民が望むようなかたちで機能しなくなりました。林野部の場合は、さまざまな任務を抱えていたことが多くの問題につながったのです。消火活動が中心的な仕事になっていましたが、それは本来の役目ではありません。持続可能な林業を提供するのが本来の役目です。しかし、そもそも家が建てられるべきではない森林地帯に家が建つようになったので、林野部はそこで暮らす人たちを守らなければならなくなった。技術者は「実のところ、こうしたやり方では費用対効果の高いかたちで人びとを守ることはできない」と言うのに、住宅所有者は政治的な影響力を行使して議会を動かし、林野部に「いや、やはりそこで暮らす人を守らなければいけない」と言わせていたのです。とにかくそうした理由で、林野部が毎年何百億ドルもの予算を消防に費やすという現在の状況に陥っているわけです。こういったことは、ほかのさまざまな機関でも起こる可能性があります。アメリカ林野部はその一例にすぎません。

制度を動かしているそうした暗黙のルール、規範、慣例はどれほど重要なのでしょう。明文化されたルールと組織構造よりも重要ですか?

人間がつくった制度には、保守的な傾向が組みこまれています。人はすぐに変わろうとはしませんし、それにはおそらく進化論的にもっともな理由があります。人間は安定と予測可能性を重んじるのです。ほんとうに大きな適応が求められるときには、戦争や革命や深刻な経済危機といったものを必要とすることが多い。それによって制度がうまく機能していないことに初めて気づくわけです。二〇〇八年の金融危機のあと、それがアメリカの制度がうまく動いていないという警鐘になることをわたしは期待していました。けれども結局のところ、たとえば失業率が二五パーセントまで跳ねあがった大恐慌などと比べると、さほど深刻な危機ではなかったのだと思います。大恐慌によって、現代のアメリカ福祉国家の土台が整いました。いまの新型コロナウイルス危機でさえも、大きな改革をもたらすほど深刻ではないことが明らかになりつつあります。それによって分断が終わることはなく、むしろ分断された反応のために、この危機へのアメリカの対応が妨げられているのです。

憲法に基づいた正式な体制にプラスとマイナスの両面があることを示し、それがインフォーマルな政治文化といかに影響しあうのかを論じるために、『後れをとる』で使っていた枠組みがあります。それを簡単に説明していただけますか？

南アメリカでは、十九世紀にほとんどの国がスペインあるいはポルトガルから独立しましたが、問題は、多くの場合、アメリカ合衆国憲法とそっくりの憲法を採用しながらも、その種の憲法を根底で支える規範や文化的な価値観が存在しなかったことにあります。南アメリカのほとんどの社会は、スペインとポルトガルの植民地時代のあり方に基づいていました。何よりまず、社会が非常に不平等でした。入植者による社会で、比較的少数のヨーロッパ人が圧倒的多数の先住民の上に君臨していたからです。それにスペイン人とポルトガル人のほとんどがもちこんだ制度も、きわめて権威主義的でした。階級の対立があって、エリートが自分たちの特権を守ろうとしていたのです。その後、民主主義を導入しようとするわけですが、指導者たちは民主主義のルールを利用し、恩顧主義（クライアンティズム）と支持者への役職などの分配を通じて自分たちを守りました。これが南アメリカのいくつかの場所で起こったことです。

制度を理解する

シカゴ学派について話したときにすでに触れましたが、この還元主義的な人間・制度理解の全体像について話せたらおもしろいと思います。新制度派経済学は、制度的構造よりも社会のほかの側面に目を向けているのだとわたしは理解しています。

新制度派経済学とは、ダグラス・ノースが少なくともアメリカで経済学と社会科学においてしたことを言い表すのに使われたことばです。[11] ノースは、制度とは持続性のあるルールであると単純に定義しています。制度は法律のように正式なものもあれば、文化的規範のようにインフォーマルなものもある。わたしにはやや信じがたいのですが、ノース以前の経済学者は制度にまったく関心を向けていませんでした。政治学者は制度の重要性をはじめから理解していましたが、経済学者は合理的な効用最大化に基づいた新古典派モデルを念頭に置いていて、そこには制度は含まれていなかったのです。その後、経済学者もそれでは不十分だと気づきはじめて、政治学者が理解していたことを学ぶようになりました。一世代以上もあとのことですが。

経済学者の制度理解については、どのように考えていますか？

その多くは学術的な論争です。広く開発について書いている経済学者たち——ダグラス・ノースやわたしの同僚のバリー・ワインガスト、ダロン・アセモグルやジェイムズ・ロビンソンら——を見ると、彼らは非常に粗野な近代化理論を復活させたようにわたしには思えます。ここスタンフォードにはダグラス・ノースの弟子がたくさんいます。ノースは経済学に歴史を取り戻した経済学者ですが、心の底ではやはり経済学者にとどまっている。研究者としてのキャリアの大部分で、もっぱら人間を行動に駆り立てる物質的な状況に目を向けていたからです。ノースとその教え子たちが語る歴史では、十七世紀イングランドの名誉革命の結果として近代の財産権が生まれ、それによってその後の経済成長がすべて説明できるとされます[12]。アセモグルとロビンソンはもっぱら「包括的制度」について語っていて、財産権からはじまり、それに自由主義的な法の支配とある種の民主主義的な説明責任が加わるのですが、その後、この組み合わせに強力な国家も加えています[13]。これはある種の〝ごたまぜ〟のアプローチです。彼らは制度をあまりにも広く定義しすぎていて、理論が同語反復に陥っていると批判されてきました。いい制度があれば、いい制度ができる、というわけです。

こうしたマクロ理論によって、社会科学は五〇年前の非常に粗野な近代化理論に引き戻されてしまいました。実際には制度はたくさんあります。最近、ディアドラ・マクロスキーと話したときに、重要な話題のひとつになったのがそれでした[14]。ディアドラは、財産権はいくつかある決定的に重要な制度のひとつではあるけれど、最も重要かはわからないと言います。中国のようにすさまじく急速に発展した国があります。それらの国にも制度はありますが、欧米の財産権のようなものはまったく尊重していません。

実際のところは、はるかに複雑です。簡単な話ではありません。ディアドラは、この理論全体を非常に軽蔑しています。そして、ほんとうの意味で決定的に重要だったのは、科学革命によってもたらされた変化だと言う。新しい考えにひらかれていて、それに好奇心をもっていること、知的なリスクを冒すのを厭わないことが必要だったのです。これが決定的に重要だった。わたしもそんなふうにずっと考えてきました。この時期のヨーロッパ思想の発展を見なければ、近代化がいかに起こったのかを理解することはできません。

さらにもう少し時代をさかのぼって、十九世紀の政治経済学の概念がいかに経済学に還元されたのかを話していただけますか？

基本的には、十九世紀のあいだはずっと経済学という独立した分野は存在せずに、みんなこの政治経済学の伝統のなかで書いていたといっていいと思います。十九世紀には、制度の発展について歴史社会学の見解をとるドイツ歴史学派のような学派もありました。[15]けれどもその後、これが変化するわけです。とくにレオン・ワルラスとアルフレッド・マーシャル以降のアングロサクソンの知的世界ではそうでした。[16]彼らは限界主義と均衡の考えを導入して、ある種のミクロ経済学の概念に基づいた、はるかに厳密ながらも同時に射程が狭まった経済学理解の土台を整えました。突如として、大幅に縮小された一連の想定と原理に基づいた近代古典派経済学が誕生したわけです。経済学者は、もはや自分たちのことを政治経済学者だとは見なさなくなりました。経済的要因だけを考慮に入れた、この種の単純化された合理性に基づいて経済行動を説明できると考えるようになったからです。

さらに昔までさかのぼると、アダム・スミスやデイヴィッド・ヒュームは風習や習慣について語っていました。経済と社会についてのこの理解も失われたのでしょうか。

だからこそ、社会科学は後退したとわたしは思うのです。経済学者も社会科学研究者の多くも、そうしたことをすべて忘れてしまいました。

＊＊＊

この経済学者批判には、ブランコ・ミラノヴィッチも注目している。「主流派経済学を批判するフランシス・フクヤマ」（"Francis Fukuyama against Mainstream Economics"）と題したブログ記事でミラノヴィッチは次のように書く。「わたしはノートに、経済学についてのフクヤマの見解をたくさんメモしているのに気づいた。その多くが、主流の特効薬の一部を直接批判するものである。フクヤマを読む経済学者はあまりいないだろうし、注意深く読むフクヤマを読む者となるとおそらくさらに少なく、本を最初から最後まで読み通した者はなおのこと少ないだろうから、経済についてのフクヤマの見解を取り上げることにした」。歴史と制度が経済成長にいかに影響を与えるのか、それについての経済学者の理解不足は、彼らにとって突かれると痛い点である。ミラノヴィッチは『政治の起源』と『政治の衰退』を読んだあと、フクヤマについての見解をあらため、経済学者はフクヤマの批判を受けてしかるべきだと考えるようになった。すでに見たように、フクヤマは経済学の還元主義的なアプローチと分析を嫌っている。

注

1 Fukuyama, "Seymour Martin Lipset 1922–2006."
2 Lipset, *American Exceptionalism.*（リプセット『アメリカ例外論』）
3 Mounk, "End of History Revisited," 26.
4 リプセット（一九二二～二〇〇六年）は著名なアメリカの社会学者であり、比較研究の視点から民主主義の条件を論じた著書が数冊ある。『アメリカ例外論』は一九九五年に刊行された。
5 Fukuyama, *Origins of Political Order,* 24.（フクヤマ『政治の起源』上巻、五三頁）
6 Fukuyama, *Origins of Political Order,* chapters 6, 7, and 8.（フクヤマ『政治の起源』上巻、六、七、八章）
7 Fukuyama, "Seymour Martin Lipset 1922–2006."
8 Fukuyama, *Falling Behind,* 195.
9 Fukuyama, "America in Decay."
10 North, Wallis, and Weingast, *Violence and Social Orders.*（ノース、ウォリス、ワインガスト『暴力と社会秩序』）
11 North, *Institutions, Institutional Change and Economic Performance.*（ノース『制度・制度変化・経済成果』）
12 North and Weingast, "Constitutions and Commitment."
13 Acemoglu and Robinson, *Why Nations Fail.*（アセモグル、ロビンソン『国家はなぜ衰退するのか』）

14 McCloskey, *How to Be Human—Though an Economist.*
15 ドイツ歴史学派は、歴史と経験的知識が人間の行動と経済問題を理解する土台であると論じた。経済は文化に依存するのであって、普遍的ではないのである。
16 マーシャル（一八四二～一九二四年）は新古典派経済学の創始者であり、主著は一八九〇年刊の『経済学原理』である。

12 アイデンティティの政治は〝テューモス〟の問題なのか

フクヤマは長年、アイデンティティについて考え書いてきた。またすでに見たように、アイデンティティの政治の登場は、一九八九年以降に世界政治を変えた傾向のひとつである。アイデンティティは『歴史の終わり』で重要な位置を占めていた。歴史が近代化と自由民主主義へと向かっていくのは、承認を求める人間の普遍的な欲求——フクヤマが〝テューモス〟と呼ぶもの——のためだというのが、同書のおもな仮説のひとつである。テューモスはプラトンが『国家』で用いたことばであり、自分自身の価値や尊厳の承認を求める魂の部分を指す。この考えはヘーゲルの承認への欲求、自尊心への欲求として再登場する。人間はみな他者からこれを求めようとする。この承認への普遍的な欲求が、自由民主主義が最も完全な政治体制であるおもな理由である。自由民主主義は普遍的な承認を可能にするというわけだ。自由民主主義は完全な承認を可能にする唯一の政治体制であるとフクヤマは論じる。

フクヤマは、自由民主主義を含むすべての政治体制にはナショナル・アイデンティティの感覚が必要だと考える。民主主義国では、そのアイデンティティは包摂的で民主主義の原理に基づいたものでなければならず、国民が誇りを感じられるアイデンティティでなければならない。承認は権利を与えることによって生まれる。民主主義国が機能するには、国民は互いの権利を認めあい、自分の権利を尊重される必要がある。それが民主主義を特徴づける価値観でなければならず、国民に内面化されていなければならない。

人間の動機を駆り立てる根本的な価値としての〝テューモス〟

承認が根本的な価値であるというフクヤマさんの新しい——そして古くもある——考えに話題を移しましょう。『人間の終わり』を含むフクヤマさんの著書のほぼすべてにこの考えが見られますし、わたしにとってこれは、いまの政治の展開を理解するにあたって鍵になる概念です。承認を最初に大きく扱ったのは『歴史の終わり』でしたが、どうやら多くの読者は、二〇一八年九月に『IDENTITY』が刊行されたことで、フクヤマさんが承認に関心を寄せていることに気づいたようです。

アイデンティティとは、人には内なる自己があるという考えのことであり、その自己が他者からじゅうぶんに尊重されていない、あるいは承認されていないという理解のことです。アイデンティティはさまざまなかたちで表れます。個人的なかたちをとることもある。自分のほんとうの自己が承認されていないと考えているときですね。あるいは集団的なかたちをとることもある。じゅうぶんに尊重されていないとその人が考える集団に所属しているときです。尊重されなければ、大きな怒りが生まれます。アイデンティティは理性よりも感情とずっと強く結びついているのです。最も古い形態のアイデンティティのひとつがナショナリズムで、そこでは特定の文化集団が、その文化集団と他者とのあいだに境界をひいて自分たちの国家をもつというかたちで承認を要求します。ただ、アイデンティティはほかの形態をとることもある。とりわけ人種、民族、ジェンダー、性的指向などのために周縁に追いやられた集団の場合です。

そもそも、テューモスのことを初めて知ったのはいつですか？　何に興味をひかれたのでしょう。

アラン・ブルームのもとでプラトンの『国家』を学んだのがきっかけです。『国家』第四巻の大きなテーマがこれなのです。ですから、大学一年生のときまでさかのぼることになります。そのときに関心をもちはじめたわけです。ブルームはソール・ベローの小説『ラヴェルスタイン』（鈴木元子訳、彩流社、二〇一八年）のモデルでもあって、ほんとうにすばらしい教師でした。『国家』ではソクラテスが人間本性について語っていて、こんなふうに言います。「さて、〔魂のなかには〕理知的部分があることはわかっているし、欲望的部分があるのもわかっている」。ただ、「魂には〔気概によってかきたてられる〕怒りの場である三つめの場所があるのではないか？」。わたしが使ったギリシア語の〝テューモス〔気概、激情（怒り）〕〟ということばは、プラトンが『国家』第四巻で用いているもので、現代ギリシア語では怒りという意味です。わたしたちは、内面の価値を認められないと怒りを覚えて、尊敬を求める。これは非常に強力な感情で、現在、経済的利己心や合理的な経済的利己心と呼ばれているものとは異なります。わたしたちは、自分たちに見合ったかたちでほかの人たちから尊敬されたいのであって、これは誇りと恥の感情と結びついています。これが重要なのは、人間の行動についての経済学者の理解とは異なるものだからです。人間の動機の多くが、この承認への欲求に駆り立てられていることを理解しておくのがとても大切です。

『歴史の終わり』でアイソサミア（対等願望）とメガロサミア（優越願望）について初めて書いています。この本のなかでも、次のくだりはとくに興味深いと思います。

> 平等に認められたいという熱望（中略）は、物質的豊かさや実質的な平等がさらに進んだからといって必ずしも弱まるわけではなく、それによって逆に勢いづく場合も考えられる。
> トクヴィルによれば、社会階級や社会集団のあいだの格差が大きく、それが長い伝統に支えられている場合には、人々はその格差を甘受するようになる。だが、社会が流動的で集団間の関係

がもっと緊密であれば、人々は残存する格差にいっそう敏感になり、憤りも強くなるという。[1]

アイソサミアとメガロサミアとは何でしょうか。このふたつのあいだにそもそもある矛盾についても説明していただけますか？

アイソサミアは、ほかの人と平等な存在として認められたいという欲求です。メガロサミアは、優越者として認められたいという欲求です。当然ながら、民主主義社会を成立させるには、なんらかのかたちでメガロサミアを抑えなければなりません。ただ、アイソサミアとメガロサミアは互いに結びついていることが多い。多くの場合、平等に承認されたいという欲求、つまりアイソサミアから出発しても、その後、優越者として承認されることを求めるようになるのです。たいていのナショナリズムにこれが当てはまります。人はほかから認められたいものなのです。ドイツ人は、当初は単一のドイツ政府をもったヨーロッパのひとつの国になりたかっただけですが、それが実現すると、ほかより優位に立つことを望むようになりました。アイソサミアとメガロサミアは民族や集団にも存在しますし、個人にも存在します。

この考えがプラトンからヘーゲルおよびその後までどのように伝わっていったのか、説明していただけますか？

直接のつながりがあるかはわかりません。ヘーゲルはこの点に関してプラトンを引用しているわけではありませんが、たしかに歴史のプロセス全体を動かすものとして承認を求める闘争について語っていて、それを非常に抽象的なことばで論じています。主人と奴隷のあいだの話として語っているのです。主人と奴隷の弁証法ですね。主人は奴隷に認められたいと望むけれども、やがて、奴隷からの承認にはあまり価値がないと気づきはじめる。奴隷は完全な人間ではありません。血なまぐさい戦闘で自分の命を危険に晒そうとしないからです。この問題を解決する唯一の方法は、すべての人がほかのすべての人の本質的な人間性を認める、普遍的な承認へと舵を切ることです。そうすれば、ある意味でこちらのことを認める価値のある人から認められることになります。

フクヤマさんは、テューモスから出発して、近代のアイデンティティへとつながる道を説明しています。それにつづいて、マルティン・ルターとジャン゠ジャック・ルソー、内なる自己を論じている。最後に、すべての人の尊厳と近代の自己にたどり着く。この近代の尊厳と承認、つまり個人の権利の普遍的な承認と、国民（ネイション）という単位に基づいた集合的な承認に到達したときのことを、フクヤマさんは分岐点と呼んでいます。この枠組みと分岐点について説明していただけますか？

はじまりはフランス革命で、そこからふたつの政治運動が生まれました。ひとつは普遍的な承認に基づいた自由主義体制です。自由主義社会のもとで「人間の権利」を与えられることによって、ひとりの市民としての個人の尊厳が承認されるわけです。発言、集会・結社、信仰、そして最後に投票の権利が与えられる。つまり政治権力の分け前を与えられて、自治の力があると認められるということです。他方で権威主義体制では、人はせいぜい国家による導きを必要とする子どもとしてしか見なされず、そうでなければ、単純に国家自体の目的のために利用されるものと見なされます。

フランス革命から生まれたもうひとつの政治運動がナショナリズムで、これは個別主義的な形態の承認でした。ナショナリズムは、同じ言語と文化を共有する集団のアイデンティティに基づいています。自由主義とナショナリズムというふたつの力はその後、一世紀にわたってヨーロッパのいたるところで互いに競いあいます。最終的にナショナリズム的な承認が優勢になって、ふたつの世界大戦というヨーロッパ文明の大惨事につながったのだと思います。

たしかにヨーロッパの多くの国では、ナショナリズムというと不快な響きがあります。

アイデンティティの政治が最初に大きく現れたのが、十九世紀ヨーロッパのナショナリズムでした。ドイツがその典型例です。中欧と東欧のいたるところに、自分の国をもたないドイツ人が散らばっていた。ドイツ人が自分たちにふさわしい尊厳をもつには、統一したドイツ国家が必要だと言われていたのです。引き裂かれてヨーロッパ中に散らばっているのではなく、自分たちのことを治める自分たちの国が必要だというわけです。これが原動力となって、ドイツの統一、イタリアの統一、最終的にはさまざまな国民国家の形成につながり、それらが暴力的かつ不寛容な政策をとるようになって、やがて二十世紀前半のふたつの戦争に導かれていきました。

左派と右派からのテューモス批判

『歴史の終わり』でテューモスが紹介されたときには、それについての論争は起こりませんでした。反響や批判はいまのほうが広く見られるのではないでしょうか。あるいは、一九九〇年代にもあったのですか？

ええ、わたしはこの間ずっとアイデンティティについて書いてきました。一九九〇年代には、『歴史の終わり』のあの部分はだれも読んでいなくて、ただみんなの視界から消えてしまったのです。あの主張を理解して評価してくれる人もわずかながらいました。興味深いことに、ドイツの哲学者ペーター・スローターダイクが、著書でわたしのテューモス論にまるまる一章を割いています。[2]

魂の三つの部分についての考えと、それを使って集団思考についてとアイデンティティの政治の土台について説明するやり方には、批判も向けられてきました。こうした批判にどう反論しますか？

一九九〇年代には、実のある批判を受けることはありませんでした。いまは、おもに好奇心を向けられています。スローターダイクの教え子のひとりが、著作でわたしのテューモスの考えをおおむね肯定的な政治的価値観として用いています。その人はいまは、右派のポピュリスト政党〈ドイツのための選択肢〉（AfD）の党員です。ドイツを訪れたときには、こんな質問をいくつか受けました。「これはある種の右翼的な考えではないのですか？」実のところわたしは、これが右翼のイデオロギーだとは思っていません。心理学的なカテゴリーにすぎないからです。

それが批判への反論ということですね。つまり、テューモスの考えが実際には何なのかを批判者に伝えることが。

ええ、『IDENTITY』を書く気になったのは、多くの民主主義国でポピュリストが票を得ている原因を理解しようとするなかでのことです。わたしの考えでは、それは経済的格差からはじまりました。けれども、それだけではこの反発の特殊な性質をじゅうぶん説明できません。格差に対する怒りは、本来ならば左派政党に力を与えてしかるべきだからです。しかしその代わりに右派のポピュリスト集団がイタリア、アメリカ、ハンガリー、その他の場所で政権を握りました。その理由は、つまりこうした多くの有権者を動かしているのは、資源と経済そのものをめぐる懸念よりも、むしろアイデンティティについての懸念だと思います。

わたしへの批判のことですが、その多くは、アイデンティティの由来を歴史的に説明しようとしたわたしの試みから生じているように思います。左派からはじまって、その後、右派のほうへ向かっていったとわたしは論じています。どういうわけか、多くの人はわたしがおもに批判しているのは左派のアイデンティティの政治だと思っていたのですが、わたしがずっと懸念していたのは右派のほうです。実際、民主主義そのものへの脅威だと考えているからです。左派政党が民主主義をとくに脅かすとは思えません。それどころか、左派が強く求めているのは、単に平等の面で民主主義がその約束を果たすことです。

#MeToo とブラック・ライヴズ・マターについてはどうですか？　これらの運動は具体的に何を求めているのでしょう。承認が満たされたと思える次元に到達することはあるのですか？

おそらく到達することはないでしょう。#MeToo 運動のようなもののことを考えると、問題は、たとえばレイプや性的暴行の定義を広げるといった政策や法律だけのことではないからです。文化を変えることのほうが求められるのであって、男性が、従来のように性的に女性を扱うのは実は無礼なのだと認識するようになる必要があります。この種の変化はゆるやかに起こっていて、完全に達成されることはないかもしれません。広い範囲で社会変化は起こせても、それが社会全体に完全に行きわたることはない。人種についても同じです。人種間の平等について口先では支持しながらも、偏見とステレオタイプを心に抱きつづけたりする人もいるかもしれません。法律の改正よりも規範の問題なのです。いま人びとを結びつけている集団の多くは、固定された性質に基づいたものであって、自分で選んだものではありません。これは、他者と関心を共有する集団に参加するのとは異なります。

左派を非難しているとしてフクヤマさんを批判する人もいます。

そのやり取りは複雑なのですが、左派のアイデンティティの政治はポリティカル・コレクトネスと呼ばれるものを生みました。そこでは、以前には聞いたこともなかった集団も含めて、だれかの尊厳をおとしめることを言ってはいけないことになっています。数年前、あるいはわずか数か月前に同じ発言をしてもなんの反応もなかったことでも、突如として、だれかの自尊心を傷つけるようなことを口にしたとして怒りの反応を呼ぶようになったのです。この種のポリティカル・コレクトネスへは反発が見られます。なんらかの集団の感情を害するのを恐れるあまり、政治家が実際に何も言えないことも多いのです。だからこそ、ドナルド・トランプはみんなの感情を害するようなことを言っても許されているわけです。「とくに賛成するわけではないけれど、少なくとも彼は正直だ」と。

もうひとつの価値である寛容に目を向けたいと思います。不快なことや好ましくないことを許すということです。自由民主主義国にとって、寛容だけでなく承認もとても重要なのはなぜですか?

問題は、社会の多くの場所で、寛容を管理する正式なルールをつくろうとしていることです。そんなことはできないにもかかわらずです。正式なルールは実際、社会が求めるほかの種類の善を妨げることになります。最もわかりやすい例が、割り当て数を決めることです。もっと多くの女性やマイノリティが管理職に就くべきだということにはみんな賛成ですが、能力主義も重要な価値のひとつです。人は尊敬されたいものなのです。これは人間の本性として、魂の第三の部分を構成しているテューモスの考えに含まれています。人生の満足感は、所有する物質的な資産よりも、受ける尊敬と強く結びついていることが多いのです。人はなんらかの理由で尊敬されたいのであって、ただ寛容に扱われたいだけではありません。

尊厳を求める気持ちがすべてを支配しているのですか？

最近の例を挙げて説明させてください。同性婚を求める運動がありますが、これは経済的な考えによって動かされているのか、それとも、この種の尊厳の政治に動かされているのか。たしかに経済の問題も関係していると思います。カップルは生残者権〔共同で不動産を所有しているときに、片方が亡くなったらもう片方が受け継ぐことができる権利〕や相続権を望んでいるわけですから。けれども、こうした法規定はすべてシヴィル・ユニオン〔法的な権利が認められた同性間のパートナー関係〕でも提供できます。しかし同性婚を主張する人たちは、ふたりの結びつきが尊厳をもって扱われ、男性と女性の結婚と同じ地位を与えられることを望んでいるわけです。驚くほど多くの国でこの制度を法律で認めるよう人びとを動かしたのは、実際、承認の問題でした。

アイデンティティの問題と政治体制

ここまでは集団および個人の感情とアイデンティティだけを見てきたが、これは政党にも確実に影響を与え、わたしたちがだれにどのように投票するかにも影響する。さまざまな選挙制度はまた、

―政党の発達の仕方にも大きな影響を与えることがある。

ノルウェーや北欧には政党がたくさんありますが、イギリスやアメリカではふたつにまとまっています。『後れをとる』では、さまざまな議会制度について書いています。政党制度とその発展についての考えを聞かせてください。『後れをとる』で論じた国をいまはどう位置づけますか？

政党制度は、さまざまな国に存在する社会の分裂構造によって異なります。しかし、アメリカやイギリスに存在するような二大政党制を見てみましょう。これは政治学者が長年議論してきたもので、かなりよく理解されていると思います。二大政党制になるのは選挙制度のためです。単純多数得票主義あるいは多数代表制では、デュヴェルジェの法則[3]と呼ばれるものによって、ふたつの主要政党ができる可能性が高い。第三政党に投票したら、最も好まない政党に力を与えてしまうことが多いのです。他方で比例代表制では、小さな政党に票を投じても、最も好まない政党に有利になることは必ずしもありません。比例代表制の問題は、ときに権力があまりにも細分化されて、うまく機能する連立を組むのが非常にむずかしくなることです。

問題は選挙制度にあるのですか？

選挙そのものだけが問題だとは思いません。ほかにも制度のさまざまな特徴のせいで、アメリカの民主主義に問題が生じています。当然ながら、そのうちのひとつが選挙資金です。まず根本的な問題として、企業や裕福な個人による選挙への資金提供はなんでもありです。そのほかにアメリカの選挙制度の問題もあります。単純多数得票制が採用されていて、第三政党の候補者が積極的になれずにいる。最後に、両政党が予備選挙で党員以外の一般市民による投票を導入するようになってきたことで、過激主義が助長されてきました。どちらの政党でも、予備選挙で投票する人たちには活動家が多いからです。そうなると、党のなかでより過激な陣営が有利になる傾向にあります。非常に投票率の低い選挙では、投票するのはその手の人たちだからです。こうしたことはすべて変えられます。二極化の問題を緩和するには、いわゆる優先順位付投票というオーストラリアで用いられている制度に移行すればいいわけです。

それはどういう仕組みですか？

ひとりの候補者に投票するのではなく、候補者リストに優先順位をつけて投票するのです。第一希望、第二希望、第三希望を記す。もし第一希望の候補が上位に入らなければ、その票は第二希望の候補のものになる。この仕組みだと、候補者間での協力が促されます。ライバル候補の第二希望になりたいからです。それに、ふたつの政党によって示された選択肢が気に入らない場合は、第三政党に安心して投票できるということでもあります。この方法を使えば、二大政党制によっていま生じている二極化を和らげることができるでしょう。

これがフクヤマさんの支持する選挙制度なのですか？

最適の制度がないなかではつねに妥協が求められるのであって、この制度もそのひとつです。二大政党制は、何かをやり遂げる必要があるときには非常にうまく機能することもあります。たとえ第一党の票を不自然に増やした結果だとしても、ある政党が過半数を獲得したら、法律を制定できるようになりますから。一方でヨーロッパの多くの連立政権では、選挙の結果、キリスト教民主党が数議席増やし、緑の党が数議席減らしても、基本的に政府はあまり変わりません。人びとはそれにいらだちを覚えます。望むような大きな変化を実際には得られないのです。その対極にあるのが、典型的なウェストミンスター・システムです。議院内閣制と単純多数得票主義を組み合わせたものですね。ほとんどの政治学者が、どちらもほんとうに最適とはいえないと結論づけています。ひとつ目は権力を分散させすぎて、ふたつ目は権力を集中させすぎるのです。ドイツのような仕組み、つまり小選挙区比例代表併用制は、得票率五パーセントの下限を設けることで政党の数と断片化を抑えようとしています。また、全体の釣り合いも保っている。それに、特定の選挙区を代表する小選挙区制もよい妥協策です。

少し前にフクヤマさんは次のように書いています。「かつては左右のイデオロギー対立が存在し、二十世紀の政治を特徴づける産業化された社会で、資本と労働者の相対的な経済力をめぐる諸問題への対処法によってふたつの陣営に分かれていた。しかし、いまではアイデンティティの問題を軸に政治的な立場がつくられるようになりつつあり、その多くは狭い意味での経済よりも文化によって決まる。この変化は自由民主主義を健全に機能させるのに望ましいとはいえない」[4]。わたしたちは政党からアイデンティティ集団へと移行しているのでしょうか？　社会民主党やキリスト教民主党のような巨大政党は永久に支持を失いつつあるのですか？

ええ、おおむねそれがいま起こっている変化です。これは全般に民主主義にとってよくないと思います。伝統的な社会民主党は、かつて最大の票田だった古い労働者階級とのつながりを失いはじめています。同じことが多くの左派政党でおしなべて起こっている。社会民主党は多くの国で弱体化して、それらの有権者の多数は右派のアイデンティティ政党に票を投じるようになりました。社会の文化的な基盤を変化させた、自由主義的でひらかれた世界への反動を象徴する政党です。このうえなく精力的な新形態のポピュリズムにおいて、右派が比較的うまくやっているのはなぜか、その問いへのわたしなりの答えがこれです。

イギリスのEU離脱に賛成票を投じたりトランプに投票したりした人たちは、あるていど教育レベルによって分けることができ、年齢によっても分けられます。ただ年齢は、おそらくそれ自体よりもやはり教育レベルを示しているのでしょうけれども。トマ・ピケティは最近の著作で教育パターンと投票を検討して、いま左派政党に投票しているのは高学歴の人たちであることを示しています[5]。ピケティはそれを、アイデンティティの印としての階級への回帰であると理解しているわけです。フクヤマさんは「2016年の政治的意味合い――アメリカの政治的衰退か刷新か」で次のように論じています。「〝経済格差が拡大し、多くの人が経済停滞の余波にさらされた数十年を経て、アメリカの民主主義がついに問題の是正へと動き出した〟ということに他ならない。社会階級（格差問題）がいまやアメリカ政治の中枢に復活し、人種、民族、ジェンダー、性的指向、地域差をめぐる亀裂以上に大きな問題として、予備選挙における議論の主要テーマに取り上げられてきた」（邦訳七頁）。教育はアイデンティティの印であり、人びとを分断するものなのでしょうか。

たしかに人びとを分断するものですが、これは文化的に奇妙なかたちで現れています。現在の上流階級は、自分たちのことを支配階級だとは見なしていません。いまの高学歴の専門的職業人はたいてい、イデオロギー的には左寄りの傾向にあります。排除されたり社会の周縁に追いやられたりしている人たちへの懸念を表明して、中道左派政党に投票する。文化的にはそれらの人たちはよりコスモポリタンで、あらゆる多様性を受け入れる。とはいえ、子どもと自分自身の暮らしについておこなう選択によって、階級としての自分たちの有利な立場を強化する傾向にはあります。

わたしたちは階級に回帰しているのでしょうか。階級をどのように理解していますか？

ええ、いま説明したような文化の面でそれが現れていると理解するかぎり、ある意味では階級区分へ回帰しています。新しい上流階級は教育と能力主義によって定義されます。単にお金を相続しただけのかつての不労所得生活者階級ではありませんし、子どもに与えるのは信託ファンドではなく、人生のチャンスを高めるエリート教育へのアクセスです。ブランコ・ミラノヴィッチは、この分断は似たような背景の者同士の結婚によって強化されると指摘しています。高学歴の人は同じく高学歴の人と結婚して、同じような有利な立場を得る子どもをつくるわけです。上流階級は住まいによっても定義されます。高学歴者にとって望ましい仕事のチャンスがある大都市圏に暮らす傾向にあるのです。新型コロナウイルスによってこれが変わっていくのかは、興味深い問いです。

社会的流動性についてはどうですか？

少なくともアメリカでは、世代間の社会的流動性が低下していることを示す研究がたくさんあります。高学歴の親が有利な立場をさまざまなやり方で子どもにも引き継ぐ力をもっていることが、この動向を強めてきました。たとえば、結婚を持続させて安定した家庭で子どもを育てる傾向が強いということです。労働者階級の家庭では、それと反対のことが起こっています。ひとり親の世帯で育てられる子どもの数が増えているのです。

少なくともヨーロッパでは、さまざまな政党が存在することで社会がうまく機能しています。これらの政党はどれほど重要なのでしょうか。また、将来的にも引きつづき役割を果たすことができますか？　あるいは、ほかのものに取って代わられるのでしょうか。だとしたら、それらはいまと同じぐらい包摂的（インクルーシブ）なものになると期待できますか？

政党はすべてシステムにとって決定的に重要です。問題を抱えているのはとくに既成の政党です。有権者を失い、多くの人から見て正統性を失っています。いま社会が直面している類いの社会的な圧力に、じゅうぶんに対応してこなかったからです。

フランスの例を見てみましょう。エマニュエル・マクロンがいて、政党〈共和国前進〉がある。これはフランスの政治体制にとって完全に新しい状態です。フランスはほかの国の今後を示す一例だとお考えですか？　あるいはこれはフランスだけの出来事なのでしょうか。

マクロンは中道主義を復活させようとしてきた指導者で、共和国前進は、たしかに票を獲得しました。現代の民主主義では、国民が「さて、選挙で投票したからこれでおしまいだ」と言うだけですませることはありません。フランスの問題はこれで解決したわけではなく、黄色いベスト運動の登場を見てもそれがわかります。いまも多くのフランス人有権者が、新しい政治とマクロン個人のスタイルに不満を抱いているのです。

フクヤマさんは以前、ローズヴェルトとムッソリーニを並べて論じています。なぜですか？

ローズヴェルトとムッソリーニはいずれもポピュリストでしたが、その意図と結果はまったく異なります。ローズヴェルトは大恐慌への怒りを利用してアメリカ的福祉国家をつくりましたが、ムッソリーニは自分の権力を使ってファシストの独裁国家をつくったのです。いまわたしたちが目にしているポピュリストの結集も、いいものを生む可能性もあれば、破滅的な結果に終わる可能性もあります。これはデイヴィッド・ランシマンの著書『民主主義の壊れ方』の重要ポイントでもある。この本は、権威主義者による自由民主主義の乗っ取りについて、歴史の教訓を深く検討した一冊です。一九三〇年代の状況は、経済問題と政治的不満の面でいまと似ています。ヨーロッパではこれがアドルフ・ヒトラーとベニート・ムッソリーニにつながり、アメリカではフランクリン・ローズヴェルトとニューディール政策につながった。政治家とエリートが不満をどこへ向かわせるかにかかっているのです。

最近のある雑誌記事で、有権者が始末に負えない存在になっていると論じられています。「第二次世界大戦後の数十年の有権者と比べて、二十一世紀の有権者は権利意識が強く、自分自身と自分の意見をより重んじて、他者の見解に不寛容になっている。より要求がましく辛辣で怒りっぽい。これはミレニアル世代とX世代だけではない。こうした変化はベビーブーム世代にも当てはまる」[6]。これについてはどうお考えですか？

そうですね、そういったことは起こっているかもしれません。これが特定の種類のポピュリスト有権者の台頭と関係する周期的現象にすぎないのか、あるいは恒久的なものなのかはわかりません。政府と政府の対応への人びとの期待が変化していることを示している可能性もじゅうぶんにありますので、恒久的なものかもしれませんが、どうでしょうか。

議会政治制のもとでは、法律は有能な官僚機構によって省庁でつくられます。大臣を代表者とする省庁は議会に責任を負い、最終的には有権者に責任を負う。この政治体制は長期的で戦略的なものの見方を促します。ヨーロッパの裁判所はおおむね議会の特権を侵すのを避けてきて、それはアメリカも同じでしたが、いまは変化しているのかもしれません。法律はより首尾一貫していて、強力な利益団体からの影響を受けにくいのです。

『IDENTITY』を刊行したときには、ヨーロッパの国も数多く訪れています。同じ課題はそこでも見られますか?

国によって状況は異なります。ベルギーは長年、政府を確立するのに困難を抱えてきました。最近ベルギーを訪れたのですが、フランドル地域とワロン地域のあいだで大きな分断があり、深刻なアイデンティティの問題に直面していました。その結果、統治に悪影響が生じ、行政が大きな問題を抱えています。高度に分権化されていて、強力な中央政府をつくることに合意できないからです。そのためテロ対策などもマイナスの影響をこうむっています。諜報機関が複数あって、互いに情報を共有していないのです。

＊＊＊

ドイツ、オランダ、北欧諸国は、根底にある強い社会的コンセンサスに基づいて国家への比較的高い信頼を長年うまく維持していて、改革を実施しやすい状況にある。その対極にあるイタリアでは国家への信頼は低く、地域間の対立が見られる。イタリア人は自分たちのことを必ずしもひとつの国だとは見なしていないのである。アイデンティティがいかに政治に影響するのか、選挙制度と政党にどのような影響を与えるのかを理解しておくことが重要である。

注

1 Fukuyama, *End of History and the Last Man*, 295.（フクヤマ『歴史の終わり』下巻、一九一頁）

2 Sloterdijk, *Rage and Time*.

3 デュヴェルジェの法則をシンプルに定義すると、「単純多数、単記投票制は二大政党制を促す」という法則である。

OxfordReference.com, https://www.oxfordreference.com/viewbydoi/10.1093/acref/9780199207800.013.0382.

4 Fukuyama, "Clash at 25."

5 Piketty, "Brahmin Left vs Merchant Right."

6 Stitt, "Rise of the Ungovernable."

13 社会と資本主義はいかに影響しあうのか

経済成長、イノベーション、資本主義体制は、通常、民主主義と結びつけられるが、この数十年で中国やシンガポールのような国が民主主義なしで急速な経済成長を遂げた。またブランコ・ミラノヴィッチが著書『資本主義だけ残った』で述べるように、それらの国（ヴェトナムとビルマも含む）の政治的あるいは権威主義的な資本主義が、経済成長を約束しなければならないのも事実である。政治的資本主義は法の支配によって制約を受けないため、その本質からして恣意的な意思決定に基づいていて、腐敗がはびこる。欧米の自由主義的で能力主義的な資本主義は、法の支配のもとで動く。

経済成長には社会関係資本と信頼が重要である

わたしはアダム・スミス以前のヨーロッパにおいて、とりわけフランス思想において利己心がどのように登場したのかを研究してきました。たとえばヤンセン主義者〔ヤンセン主義あるいはジャンセニスムは十七―十八世紀、おもにフランスで展開された宗教運動。アウグスティヌスの思想に影響を受け、自由意志よりも神の恩寵を重視した〕のピエール・ニコルは厳格に宗教的な人物ですが、利己心のことや結果の重要性について書いていて、この理解によって、きわめて宗教的なヤンセン主義の修道士でさえ受け入れられるような、交易に対する見方が確立されました。当然ながらこれはウェーバーよりずっと前のことです。こうした考えについてどう思いますか？

アルバート・ハーシュマンの『情念の政治経済学』という、とてもすぐれた短い本のことを思いだします。

ええ、ハーシュマンはこれをうまく説明しています。ハーシュマンが論じている情念と利益とは、「レトリック」の不可欠性と観念の重要性、ディアドラ・マクロスキーが「ブルジョア的な徳」と呼ぶものです。マクロスキーは徳と資本主義がいかに影響しあうのかについての物語をつくろうとしていました。実のところ彼女の著作は読んでいてかなりおもしろいのですけれど、とりわけそう感じるのは、資本主義にとって重要だと彼女が主張する道徳の条件が自由民主主義にとっても重要だからです。マクロスキーの仕事はご存じですか？[1]

不思議なのですが、二〇一九年二月までディアドラ・マクロスキーとは一度も会ったことがありませんでした。あるカンファレンスでたまたま隣の席になって、多くのことで同じ意見をもっていることがわかったのです。そのあと、最近ではわたしがイタリアで講演したときに彼女も出席してくれました。

マクロスキーは、近代経済学理論の根底にある実利主義的な合理的選択モデルを批判するところから出発しました。先に触れたように、彼女はダグラス・ノースの近代化理論はひどく単純化されていると考えていた。観念の重要性をほぼ無視しているからです。ノースは、近代の経済成長は十七世紀に財産権のような制度が発展したことによって可能になったと言いますが、なぜその時期にこれが出現したのかは説明できていません。ディアドラの研究は観念の重要性と、日々の労働の尊厳を信じる気持ちや労働倫理といった徳の重要性を強調します。アルバート・O・ハーシュマンの『情念の政治経済学』は、名誉を土台にした貴族的な文化からブルジョア的な文化へと移行したこの時代の思想史を提供する一冊で、ディアドラはハーシュマンの継承者だといえます。

『「信」無くば立たず』の英語版の副題は「社会的な徳、および繁栄の創出」です。まず、この本で論じているおもな問題について教えていただけないでしょうか。次に、社会関係資本と信頼をどのような意味で使っているのか説明してください。

わたしの出版者アーウィン・グライクスに、『歴史の終わり』の次の二冊目に何を書きたいかとたずねられた話はすでにしましたが、わたしは文化と経済の問題にずっと関心がありました。経済的行動には文化のパターンが示されているように思えたからです。昔どこかで読んだのを憶えているのですが、第二次世界大戦中にイギリスの突撃隊員がフランスでドイツのレーダー受信機を発見して、イギリスに持ち帰って分解したそうです。部品が信じられないほど精密につくられていて、イギリス人たちはこう口にしたといいます。「このレーダーをイギリスでつくることはできなかっただろう。こんなものをつくれる機械工はここにはいない」。ほんとうにおもしろい話だと思って、ずっと印象に残っていたのです。これはなぜなのか。なぜヨーロッパのこのふたつの近代国家は、手工業の伝統においてこれほど異なるのか。そこでわたしは、「これについて書きたい」とアーウィンに言ったのです。社会関係資本や信頼といった考えはまだ念頭にありませんでした。

そのまま本を読みはじめて、『歴史の終わり』のときとまさに同じように、それが絶好の独学の機会になりました。執筆にかけられる時間は、たしか一年ほどあったと思います。最初の数か月で、ずっと前から読みたかったけれども機会がなかったものをすべて読みました。実は社会理論の古典をたくさん読んだのです。ウェーバー、デュルケーム、テンニエス、エルンスト・トレルチ、ゾンバルト、ソースティン・ヴェブレンといった人たちのものです。文化が経済に与える影響について、なんらかの特別な視点を設定しようとしていて、そのときに出会ったのがウェーバーが書いたあるエッセイです。『プロテスタンティズムの倫理と資本主義の精神』ほど有名なものではありません。「プロテスタント諸信団と資本主義の精神」〔マックス・ウェーバー『宗教社会学論集 第一巻上』戸田聡訳、北海道大学出版会、二〇一九年に所収〕というものです。ウェーバーは、プロテスタント主義の重要な影響のひとつは、実は信頼を高めたことにあるのだと言っています。

ウェーバーが語るのは、一八九八年にセントルイスのワールド・フェアに赴いたときのことです。アメリカで列車に乗っているとき、隣の席にセールスマンが座っていた。いろいろな場所に旅をしてものを売るその男の仕事について会話がはじまって、ウェーバーはたずねた。「知らない町に行ったとき、みんなどうやってあなたのことを信用するのですか」。セールスマンはこう答える。「わたしはバプテストですので、バプテスト教会に行くんです。同じバプテストだからということで、そこにいる人たちはわたしと取り引きをしてくれて、わたしの製品は信頼できると思ってくれるわけです」。そこからウェーバーは、社会的信頼は実のところ宗教改革の影響のひとつであり、アメリカのプロテスタント主義の宗派的な性質の影響のひとつだという着想を得たのです。これがのちに社会関係資本と呼ばれるようになります。正式な組織を通してではなく自発的に、人びとが互いに信頼して集団としてともに働く力のことです。これにとても興味をひかれて、本のテーマにしました。

これについて考えはじめたころに、社会関係資本についての文献が刊行されはじめました。ジェイムズ・コールマンやロバート・パットナムといった人たちが、政治にとっての社会関係資本の重要性について書きはじめていたのです。[2] これは経済学でも重要かもしれないとわたしは思いました。そこで社会関係資本について中国と日本がいかに異なるのかを知ろうと、アジアについてのさまざまな文献を読みはじめたのです。日本には徳川時代にはじまった社会的連帯の伝統があります。小さな村で自衛し、米を収穫するために、ともに働くことを学ぶ。一方、中国では、村のなかの家族はより大きくて強力ですが、それらの家族は互いのことを競争相手と見なしている。家族の外に出ると不信感が強いのです。中国社会でこうした人びとをともに働かせるには、強力な国家がすべての人を強制的に協力させるしかありません。これは非常におもしろいパターンだと思いました。そこでほかの社会にも同じパターンがないか探しはじめて、こうした社会的習慣の重要性に焦点を合わせた『「信」無くば立たず』につながったわけです。そういった習慣は、当時近代化しつつあった社会に大きな影響を与えていました。日本では、他人をすぐに信頼できるこの伝統があったために、近代化の歴史の非常に早い段階から大企業が発達しました。他方で中国では、ずいぶん長いあいだ会社の規模は小さな同族企業にとどまっていた。中国の文化では、親類以外の人を信頼するのは非常にむずかしいからです。

この構造は経済体制に大きな影響を与えます。重要なメカニズム、つまりよそ者への信頼のメカニズムを調べてみると、必ずしも似ていない国のあいだに多くの類似点があることがわかります。わたしは低信頼社会と高信頼社会について論じていたので、この比較の部分は興味深かった。本を書いたときには南アメリカのことは何も知らなかったのですが、この地域で過ごす時間が増えると、中国ととてもよく似ていることがわかりました。家族のほかはたいてい互いに信用しないのです。これは住宅建築のようなところにまで見られます。中国でも南アメリカでも、裕福な人は他人に見せるために豪華な家を建てたりはしません。敷地の境界線から遠く離れたところに家を建てて、家のなかを美しくするのに全力を投入します。家はプライベートな中庭を中心につくられる。近所の人たちの嫉妬心を掻き立てたくないし、税務職員の目もひきたくないからです。一方、イギリスではその反対です。アメリ裕福であることをみんなに見せたがる。みんなに見えるように屋敷を丘の上に構えるのです。

カもイギリスと非常に似ていて、これは社会における信頼の度合いと関係しています。一部の社会では、すべての家族が互いに反目していて、非常に競争的で不信感に満ちているのですが、これには深い歴史的起源があるわけです。

成功している自由民主主義諸国は教育と経済成長に支えられていて、『「信」無くば立たず』ではその点が強調されています。倫理面での習慣のなかには、明らかに徳を構成しているものもあるけれど、すべてが社会関係資本の形成に寄与するわけではないともおっしゃっていますね。これについて説明していただけますか？

そうですね、徳のなかには個人的なものもあります。知的な徳のようなものは、とりわけそうです。きわめて優秀な数学者や詩人はひとりきりで座っていて、いかなる社会的なスキルも求められません。それどころか、ある種の認知スキルと社会的な意識は負の相関関係にあるように思われます。人的資本は、個人がもつこうしたスキルや能力に関係するのです。あなたがエンジニアとしての教育を受けたとしましょう。それはあなただけのものです。けれども社会関係資本は、人と人とのつながりにかかわるものです。ほかの人たちとともに働き、情報を共有して、信頼できる振る舞いをする能力によって人間関係はつちかわれます。そういった能力には別の種類の人が必要です。

しかしフクヤマさんは、たとえばマフィアにも言及していて、彼らも社会関係資本をもっていると言います。

社会関係資本は道徳的に中立の概念です。血の誓いによって結束した犯罪組織にも社会関係資本はあります。社会関係資本の価値は、それが何に使われるのかによって決まるのです。

信頼はノルウェーのキーワードです。わたしたちノルウェー人は非常に高い次元の信頼をもっていると言われていて、それはなぜなのか、社会科学者や歴史家がずっと議論してきました。そこでは、こんな問いが投げかけられています。「政治が信頼をつくったのか、それともその逆か」。アメリカで暮らす北欧系アメリカ人のあいだでの信頼について研究してきたデンマークとスウェーデンの研究者がいて、やはりほかよりも大きな信頼が見られ、北欧からそれをアメリカにもっていったことを示唆しています。これについてどう思いますか?

政治がすべてだと考える人たちにとっては、よい政治によって信頼がつくられると言うことが重要でしょう。けれども、反対の方向に考えることもできます。因果関係は双方向的だとわたしは思いますし、高信頼社会では人びとが互いを信頼するから国家にも好意をもつのです。国家はうまく機能して、人びとは国家を信頼する。好循環です。けれどもほかの社会では、国家を信頼しないので国家があまりうまく機能せず、「ほら見ろ、国を信頼できなくて当然だ」となるわけです。

信頼は学ぶことができると思いますか？

むずかしいと思います。信頼の度合いを高めた例はあります。たとえば日本はずっと高信頼社会だったわけではなくて、一九四五年以降に終身雇用制のような仕組みを使って信頼の度合いを高めたのです。二十世紀はじめにはストライキや労働者デモや社会紛争がありました。第二次世界大戦後に、社会を安定させる仕組みをつくるべくエリートたちが計画的に取り組んだわけです。ドイツも同じことをしました。一九三〇年代のドイツでは、労働者の権利の抑圧に抗議する共産主義者の労働組合が、雇用者やファシストの民兵と戦っていました。戦後は、企業の意思決定に労働者を意図的に組みこむ社会モデルをあえてつくろうとしたわけです。このように可能ではありますが、簡単ではありません。

大崩壊の時代が我々を現代的な個人にした

一九九九年の『「大崩壊」の時代』は、アメリカやその他の西洋諸国の社会発展について論じた本です。そこでは崩壊の原因を説明する際によく使われるおもな理由を四つ示しています。貧困や収入格差の拡大、富の増加、現代福祉国家、「宗教が衰退し、コミュニティの義務よりも個人的な欲求の充足が優先されるようになるなど、文化全般の変化[3]」です。なぜこうした移行が重要なのか説明していただけますか？

だれかがこんなことを言っていました。社会学という学問分野全体が、地方の小規模農村社会から近代の都市社会への移行を中心に成立しているのだと。これはゲマインシャフトからゲゼルシャフトへの移行ですね。この移行の影響をすべて説明することは、近代化それ自体と、近代化を人びとがどう経験したかを説明することにほかなりません。

わたしはこの問題に多くの時間を割いてきました。受け持っている比較政治の授業では、近代化の社会的な側面、つまり社会が近代化するとはどういうことかという点からはじめています。近代化は個人のチャンスの拡大と結びついている。近代社会はより多元的で、選択肢がはるかに多く、そこではアイデンティティが大幅に流動的になります。さまざまな種類の人が必要とされ自由もはるかに大きくなりますが、他方で社会的な支えはずっと少なくなる。こうしたことはすべて、近代社会で生きることの一部なのです。

『「大崩壊」の時代』で触れた社会指標の長期的な低下ですが、現在では状況が異なっているように思います。当時わたしは、社会の衰退は工業社会からポスト工業社会への移行から生じる圧力のせいであって、政策はあまり関係ないと言っていました。金融危機とポピュリズムの台頭を経たいまは、この点についても状況がかなり異なるように思われます。アメリカでは、国民のあいだで社会的信頼が長期的に低下しました。その後は逆転しはじめましたが、それは高い教育を受けた人たちだけの話です。その本を刊行してから、わたしが論じていた多くのことが――信頼の低下、家族の衰退、離婚率の上昇、犯罪といったことが――すべて逆転しているのは非常に驚きですが、これは高収入で教育を受けた人たちだけのことなのです。高卒以下の人たちにとっては、状況は引きつづき悪化しています。産業の空洞化のあおりを真っ先に受けたのはアフリカ系アメリカ人でしたが、その後、混乱をきたしたそれらのコミュニティで暮らす白人労働者階級も打撃を受けるようになります。一九九〇年代にはわたしは、こうしたことをすべて技術の変化と仕事の性質の変化のせいにしようとしていました。いまは、グローバリゼーションとそれによって生じた格差の拡大といった、構造的な経済の原動力も重要だと思っています。

社会と同様に資本主義も徐々に変化する

現在、攻撃を受けているのは自由民主主義だけではありません。資本主義も同じです。最近刊行された本のタイトルには、『新・資本主義論』や『ポストキャピタリズム』といったものが見られます。[4] 資本主義はアダム・スミスが論じていたものとは非常に異なる何かになったのでしょうか？

異なるのかどうかはわかりません。資本主義はずっと、政治の制約から解放されて否定的な影響を生んだあと、また制約を受けるということを繰り返しています。十九世紀アメリカの資本主義は、比較的規制の少ない市場で大きな格差が生じている現在の資本主義と多くの点で似ています。ただ、十九世紀の資本主義ははるかに暴力的でした。企業のオーナーは、武装した人間を雇ってストライキ参加者を撃たせたりすることも厭わなかったのですから。社会的暴力のレベルがかなり高かった。振り子のようなものです。社会による資本主義の統制が強まっていって、やがてイノベーションを抑えつけて成長を鈍化させるところまでいきます。するとまた自由化しようとするわけですが、今度は反対の極までいって、あまりにも放埒な資本主義になるわけです。

ようするにバランスが大切なのですね。縛りすぎず、自由放任でもないように。

ポール・コリアーの著書『新・資本主義論』のことを考えていました。この本でコリアーは近代経済学の個人主義的な前提に疑問を呈して、人間には非常に強力な共同体的側面があり、現在の理論ではそれが無視されていると言います。現代資本主義の黄金時代は、ヨーロッパでそれが社会民主主義と結びついて近代的な福祉国家が生まれたときだというのがコリアーの主張です。

『「信」無くば立たず』の中心をなすさまざまな概念は、『政治の起源』に似た構造で提示されています。国を一つひとつ見ていって、経済の発展と文化・社会の発展がいかに結びついているのか、その根底にある原理を示している。『「信」無くば立たず』の考えをいまはどのように受けとめていますか?

経験的に見ると、いろいろなことが変わりました。いまの中国は大企業をつくることができますし、日本の仕組みはめっきりうまくいかなくなっているようです。日本の大企業は硬直化し、融通がきかなくなって、うまく適応できなかったからです。ある意味では中国の小企業モデルのほうが長期的には成功したわけです。

この先の経済成長、技術発展、格差拡大についてどうお考えですか？　だれもが仕事を得られる社会はユートピアなのでしょうか。ユニバーサル・ベーシック・インカムについて考えたり書いたりしたことはありますか？

それについて書いたことはありませんが、しょっちゅうたずねられてはいます。ユニバーサル・ベーシック・インカムの考えは、ふたつの理由からうまくいくとは思えません。ひとつは費用を捻出できるのかということで、わたしはそれに懐疑的ですが、もうひとつさらに深い理由があります。尊厳に関するものです。労働市場で自分がする仕事に人がすすんでお金を払ってくれる、そのことによって人は自尊心を得るのです。生きているだけでお金をもらっていたら、自分自身を誇り尊重する気持ちに根拠がなくなります。どの本かは忘れましたが、カール・マルクスがどこかに書いています。共産主義のもとでの暮らしは、非常に効率のいい経済によって生産のニーズがすべて満たされる環境で暮らすようなものになるのだろうかと。そして、朝には漁師になり、夜には詩人になることができるとマルクスは言う。何をして生活費を稼ぐかは重要ではないというある種の未来像です。すべてを備えた人間になることを望むべきだというわけですね。実際には、人はそんなふうに振る舞わないと思います。自分がおもに取り組む仕事が、自己理解と自尊心においてきわめて重要なのです。[5]

ブランコ・ミラノヴィッチは『資本主義だけ残った』で、さまざまな種類の資本主義があると書いています。フクヤマさんも同じ意見ですか？

ええ、資本主義そのものと、ある種の極端な自由市場とは区別する必要があります。資本主義とは、さまざまな形態の経済体制を含む非常に大きなことばです。どの資本主義体制も、民主的な政治体制と結びついていなければ最終的に極端な自由市場へと向かっていき、格差は拡大の一途をたどります。市場だけでは幸福な社会はつくれないからです。

フクヤマさんは、抑制されながらも能力主義的で自由主義的である資本主義について語っています。どのように抑制をすればいいのでしょう。

所得を再配分して医療や年金へのアクセスを保証し、人びとに社会的保護を提供するといったことに取り組む政治体制が必要です。それをおろそかにしていたら、アメリカのようになって多くの一般市民がおおいに幻滅することになります。社会民主主義というかつての概念に立ち戻る必要があるのです。そうすれば、資本主義経済体制の正統性を維持しながら、それをかなり広い範囲の社会的保護と結びつけることができるかもしれません。

すべての人の利益になるように資本主義を機能させるには、どうすればいいのでしょうか。

企業が株主だけでなくより広い範囲の社会のメンバーにも義務を負うという昔の感覚に立ち戻れば、それも確実にプラスになるでしょう。それに国家はいまでも非常に強力です。政党のあいだでうまく連携できれば、格差を抑えることはできると思います。

＊＊＊

資本主義は民主主義および技術発展と密接に結びついているが、中国が台頭してからは、独裁体制のもとでいかに資本主義が機能するのかに関心が集まっている。中国の話題に移る前に、人権と人間であるとはいかなることかについて語り合う。

注

1 ディアドラ・マクロスキーは経済学と歴史の教授であり、著書に *Why Liberalism Works* (2019) や経済、歴史、文学の三部作、*The Bourgeois Era* (2006, 2010, 2016) がある。

2 パットナムは『孤独なボウリング』を一九九五年に刊行している。コールマンが『社会理論の基礎』を刊行したのは一九九〇年である。

3 Fukuyama, *Great Disruption*, 65.（フクヤマ『「大崩壊」の時代』上巻、九三頁。訳は一部改変した）

4 Collier, *Future of Capitalism.*（コリアー『新・資本主義論』）および Mason, *Postcapitalism*（メイソン『ポストキャピタリズム』）

5 カール・マルクスは『ドイツ・イデオロギー』（一八四六年）で次のように書いている。「朝は狩をし、午後は漁をし、夕方には家畜を追い、そして食後には好きなだけ批判をする」（廣松渉編訳、小林昌人補訳、岩波文庫、二〇〇二年、六七頁。訳は一部改変した）。

14 人間本性がいかに社会をかたちづくるのか

民主主義理論へのフクヤマの貢献のひとつが、人間本性についての議論である。人間がいかに協力するのか、いかに尊敬されることを望むのかについてのフクヤマの主張は、生物学と心理学に根ざしている。それゆえ、人間本性についての理解と、それが自由民主主義理解にどのような意味をもつのかは重要である。

『「大崩壊」の時代』のすぐあとに刊行された『人間の終わり』の冒頭でフクヤマは、悲観的な予言を示す。「これが重要なのは、人間本来の性質なるものが存在し、しかも意味ある概念として存在し、そのおかげで種としての我々の経験が安定的に続いてきたからである。これが宗教と組み合わさって、最も基本的な価値観を決める。政治体制の種類を形作り、制限するのは人間の性質である。だから、我々の現在を変えるほど強力なテクノロジーは、リベラル民主主義と政治の性質そのものに、おそらくよからぬ影響を与えるに違いない」[1]。それにつづいてフクヤマは、人間本性とバイオテクノロジーについて興味深い議論を展開している。さらには、バイオテクノロジーの発展は、ジョージ・オーウェルが『一九八四年』で「監視社会」として描くものよりもさらに恐ろしいとまで論じる。

人権は人間本性に根ざしている

フクヤマさんが人間本性について初めて深く論じたのが『「大崩壊」の時代』でした。『「大崩壊」の時代』のあとに書いた本が『人間の終わり』です。人間本性への関心は、コーネル大学時代にアラン・ブルームのもとで学んだときまでさかのぼると言っています。[2] ブルームには人間本性についての関心をどのように呼び起こされたのですか?

実のところブルームではないのです。古典的な政治理論では、自然権の理論が重要です。プラトンとアリストテレス、よき生についてのふたりの理解を見ると、それが生まれながらのものと、のちに育まれるものとの区別に基づいていることがわかります。人間が生まれながらにもつ欲求と目的、それと最も深く結びついたものが人間を幸福にし、政治や倫理などをかたちづくるのです。西洋思想における自然権の伝統の出発点がこれで、そこでは権利は人間本性に根ざすとされています。トマス・ホッブズ、ジョン・ロック、ジャン＝ジャック・ルソーら近代初期の思想家はみな、まったく同じかたちで議論をすすめている。人間本性についての理解はそれぞれ異なりますが、人間の価値観のなかで優先されるのは、人間の最も深い情念と最もよく一致するものだと口を揃えて言っているのです。実際ホッブズは『リヴァイアサン』の最初のほうの章で、人間のさまざまな情念をすべて列挙していきます。ホッブズは暴力的な死の恐怖が最も重要な原動力だと言う。そこから生存権などが生じるわけです。ただ、ロックとルソーも同じところから出発していて、だからこそ自然状態について語るわけですが、これは人間本性のメタファーにほかなりません。西洋思想の重要な構成要素です。自然権は想像によって生み出された理論にすぎません。もし権利が自然に根ざしていると考えるのであり、その自然を実際に変えることができるのなら、ある意味では人権を捨て去ることになってしまいます。このふたつは結びついているからです。

人間とは何ですか？

その問いは西洋の伝統のなかで最も基本的なものですが、最もむずかしいものでもあります。わたしの考えでは、社会的協力についての経済学者の理解はこのうえなくばかげています。要するに、人間はみな完全に利己的な個人として生まれついていると言っているからです。単純に計算をして、自分の利益になるから協力するのだという。これはとんでもないでたらめです。個人の欲求もありますが、人間はそもそも社会的な動物なのです。協力を促す仕組みはどれも合理的ではありません。すべて感情的なものです。人との接触がなければ孤独を感じる。ほかの人からの尊敬を気にかけて、尊敬を得られるような行動をする。たいていの場合それは、ほかの人から期待されているように振る舞うということです。

人類は、社会的に協力できることによって、ほかの種よりも成功してきました。協力の性質が変わっただけです。『政治の起源』と『政治の衰退』はすべて、非常に小規模な血縁集団から数億人規模の大きな近代社会まで、協力がいかに進化したかについての話です。協力はこの生まれもった社交性のうえに成り立っていて、社交性は、この協力のメカニズムによってほかの人間を承認することと結びついています。父親や息子だけでなくよそ者も承認するのです。

アリストテレスが言うように、人間は政治的な動物なのでしょうか。

たしかにアリストテレスはそう言っていますが、そこにはいろいろな意味が含まれています。結局のところわたしは、アリストテレスが言ったような意味で人間が政治的な動物だとは思いません。アリストテレスはこれを目的論的に理解しているからです。人間は社会的な動物だとわたしは思います。互いに協力するようにプログラムされているわけですが、アリストテレスはそれよりずっと踏みこんだことを言う。多様性をもち高度な知の繁栄を可能にする都市で暮らすように、人間はつくられているというのです。実際、人間社会はそのように発展してきましたが、この過程が目的論的なものかはわかりません。アリストテレスは実際、この過程を論理的思考と哲学的思考をおこなう完全な知的能力の発達過程として理解していて、それは特定の種類の都市でしか起こらないと考えていました。それが人間であることをある意味で実現することとなわけです。

人権の話題に移りましょう。それはどこからやってくるのですか？

二〇〇二年に、アムネスティ・インターナショナルの事務局長だったリチャード・ウィリアム・シュルツとそれについて議論しました。[3] わたしが述べた意見はシンプルです。いま人権を擁護している人のほとんどは、現在西洋で理解されている一連の権利を人びとが守らなければならない理由を説明できないと言ったのです。わたしはシュルツに、人権はどこからやってくるのかとたずねました。すると彼はこう言います。「ええとですね、人権はただ長年のあいだに発達してきたのです」。そこでまたたずねました。「そうですか、だとしたら、中国の人は〝わたしたちは権利をちがうふうに理解していて、そこでは個人よりも集団の要素が強いのです〟と言って、それが中国で発達してきたものなのだと言うでしょう。どうやって中国に行って市民の扱いに異議を申し立てるのですか？」この質問に筋の通った答えは返ってきませんでした。ここにはいまの欧米の状態が示されていると思います。文化の面では、わたしたちがどこからきたのかわかっていますが、現在の価値観の土台である道徳の基盤については、はっきりとした合意がもはや存在しないのです。最も根本的な価値がどこからやってきたのか、それについての首尾一貫した文化的説明がなくて、これはゆゆしき問題です。アメリカの建国の父たちは、権利は自然なものであり、人間本性についての一定の理解から生じると考えていましたが、現在の理論家でその見解を受け入れる人はほとんどいないでしょう。

ここまでアイデンティティと尊厳について、またその普遍性についてたくさん話してきました。これは人権とどう関係しているのですか？

近代の尊厳の概念に道徳的な核があるとするなら、それは人間の行為者性（エージェンシー）と関係しています。これはキリスト教に由来するものです。究極的には、神の目から見て人間が平等なのは、人間がみな善悪を判断できる道徳的な行為者だからです。わたしたちは、この宗教的なバージョンはもはや信じていません。ある種の世俗的なバージョンを信じている。たとえば、わたしたちには投票権があり、選択ができて、自分自身を「実現」でき、だれに統治されるか選べるべきだといったことですね。これが尊厳を語るときに埋めこまれている考えです。だからこそ近代憲法の多くが尊厳の権利からはじまっているのであって、わたしは尊厳の権利は行為者性の権利だと思っています。

最近、人権の役割はどう変化してきたとお考えですか？

人権をどう定義するか、人権にどれだけの範囲が含まれるのかによります。ポピュリズムが台頭し、世界の人権をまったく気にかけていないようすのアメリカ大統領トランプが台頭しても、実のところこの三〇年はそれなりの進歩を遂げてきました。制度があって、国際法があるからです。人権の重要性は高まっていて、その意味では、こうした新しいポピュリストたちによって国際社会の大きな枠組みが完全に崩されたわけではないのですが、いまは確実に大きな課題に直面しています。

人権は普遍的なものですか?

普遍的だというのは、歴史上のある時点でたまたま普遍的ということだと言っておかなければなりません。つまり、すべての社会は近代化の過程で文化を横断して同じように進化する傾向にあり、やがて同じような価値観を生み出す傾向にあるということです。一五〇年前には、欧米でもいま理解されているような人権を信じる人はいませんでした。非白人や女性が平等な権利をもつ完全な人間だとは考えられていなかったのです。たった一五年前でも、結婚の平等を信じる人は非常に少なかった。人権について現在の欧米における理解を世界中のすべての人が受け入れなければならないという見解には、文化帝国主義的な側面があります。ヘーゲルが言うように、普遍的な承認という考えは歴史上のある時点で現れて、そのあとに初めて普遍化するのです。それが人間の普遍的な問題への解決策だからです。

また、普遍的な権利を守らせる際の問題もあります。原理上、人権は普遍的に適用されますが、それを守らせるのは国です。つまり実際に権利を守らせるには国がやはり重要で、人権の威信は国の力の及ぶ範囲によって限定されるということです。ある国がほかの国の領土で人権を強制できる世界がいい世界なのか、わたしには疑問です。強制力の範囲は、やはり国とその領土を中心に決められる必要があって、それが限界なのです。人権を守るようほかの国に道徳的な勧告をしたり、その他の圧力をかけたりすることはできますが、実際の強制力は必然的に限られていて、原則としてそれは限られたままであるべきです。

バイオテクノロジーによる人間本性の変化は権利、社会、政治に影響する

一九九九年にフクヤマさんは次のように言っています。「近代自然科学はその性質からして終わりがないので、次の二、三世代のうちに、過去のソーシャル・エンジニアたちができなかったことを実現可能にする道具をバイオテクノロジーが提供するだろう。その時点で、人間の歴史は確実に終わる。人間そのものが廃止されるからだ」[4]。フクヤマさんは人間本性をどのように擁護しているのか、何が問題なのかに話題を移しましょう。

わたしはいまでも、人権は人間本性に根ざしていると考えています。これが重要なのは、先にも触れたように、人間本性を変えることができたら、権利の性質も変えることになるからです。それをしたら、人間を操作できます。少なくとも道徳的な行為者であるという意味において、人間は根本的にみな平等だという考えがあります。しかし、実際に異なる種類の人間を生み出すことができたら、そ

の考えは必ずしも正しくなくなるわけです。遺伝子的に非常に異なる種類の人がいたら、その人たちを平等に扱う前提が消滅します。

『人間の終わり』は「再考――ボトルにはいった最後の人間」（"Second Thoughts: The Last Man in a Bottle"）という論文をもとにして書いたといいます。なぜこのタイトルを選んだのですか？

なぜこのタイトルか……わたしはバイオメディカル技術とそれが社会と政治に与える影響についていろいろと考えていました。遺伝子の組み換えだけではありません。薬理学、つまり人間の行動をコントロールするための薬物使用もです。実のところこれは、みんなが思っているよりもずっと先にすんでいます。リタリン、プロザック、ザナックスなどの薬品やアンフェタミン、選択的セロトニン再取り込み阻害薬を使って、ADHDやうつ病などの症状を治療しようとしている。こうした深い問題に気づかないいまま、すでに薬物を使って操作し、社会を管理しようとしているわけです。

フクヤマさんのいちばんの懸念は何ですか？　それはいまでも同じですか？

技術についての大きな懸念は、いまきわめて急速に現実になりつつあります。当時は人間の遺伝子を組み換えられるというのは想像にすぎませんでしたが、いまはCRISPR-Cas9があります。[5] 技術はすでにあって、それには効力があるのです。中国が最初にそれを使うことになるでしょう。

なぜですか？

欧米人がもっている道徳的な制約に縛られないからです。実のところ、わたしはこれについて論文を書いたことがあります。文化を一般化していると一部の人から批判されましたが、それでもやはりわたしは、欧米では人間と人間でないものを非常にはっきり区別していると思います。『創世記』で神は人間に自然の支配権を与える。わたしたちは、自然界のほかの部分よりも人間にはるかに高い尊厳を与えているのです。一方でアジアでは、この関係についての見方は異なります。より連続性がある。アジアのアニミズム的な宗教では、無生物も含めてあらゆるものに魂が宿っていると考えられているのです。人間と人間でないものとの境界線は、それほどはっきりしていません。一方で人間以外の自然をより尊重するわけですが、他方で人間の尊厳の特異性はそれほど尊重しないわけです。人工妊娠中絶の割合が高いなど、ほかにもアジアの特徴が表れているところがたくさんあります。欧米では、人間を操作するのに引きつづき大きな抵抗があるだろうとわたしは考えているのです。中国は自由民主主義国ではありません。生殖細胞操作のテクノロジーを活用することに大きな国益を見出したら、欧米と同じ規制で縛りをかけるかどうかわかりません。

この本での議論をつづける予定はありますか？

あの本を書いたのは、わたしがジョージ・W・ブッシュ政権の生命倫理評議会にいたときのことです。具体的な作業計画があって、この種のバイオメディカル技術を管理する規制制度をつくることを求めようとしていたわけです。それはうまくいかずに、結局あきらめました。ただ、どこかの時点でまたこの問題には取り組むかもしれません。

人間本性は生物学的・社会的に構成されている

わたしたちが人間でなくなったら、どうなるのですか?

わかりません。予測するのはとてもむずかしいということです。現在のわたしたちから見て、非常によくないと思われるありとあらゆる結末が想像できます。いまは、ほかの人の行動を操作しようとする傾向が以前よりはるかに強くなっていて、それを可能にする力も大きくなっています。これは欧米でも起こりうることです。

『人間の終わり』でのフクヤマさんの主張によると、人間の平等と、道徳的な選択をする人間の能力は、変化させられる可能性がある。

あの本で論じた問題のひとつが、寿命の延長です。シリコンバレーの富豪の多くが、多額のお金をそれに注ぎこんでいます。しかしわたしが思うに、これはとんでもない考えです。人間が死ぬことにも、世代交代が起こることにも、ちゃんとした理由があるのです。仮に人間が二〇〇歳まで生きられるようになったら、社会変化と適応のペースが劇的に落ちます。それは多くの場合、世代交代によって起こるからです。世界の人口や資源への影響については言うまでもありません。

さらにフクヤマさんはこう書いています。「私はこう考える。一般的に理解されている自然主義的誤謬〔事実の判断と規範的判断を混同する論理的な誤り〕は、それ自身誤解である。哲学が、権利と道徳性の基盤を〔人間〕本性に置いていたカント以前の伝統にぜひとも戻る必要がある」[6]。わたしの理解では、フクヤマさんが言っているのは、アカデミックな哲学者や政治・法思想家は、人間本性に基づいて人間についてさまざまな想定をしているのに、自分たちの道徳理論は人間本性には基づいていないと主張しているということです。これについて説明していただけますか？　フクヤマさんは功利主義にはあまり共感していないようです。その理解で正しいでしょうか？

欧米では、道徳哲学は個人の行為者性を非常に重視するかたちで発展してきました。『IDENTITY』で書いたように、行為者性という人間の性質は、平等の権利と人間の尊厳についての現在の理解の核にあるものです。ただ、たしかに人間には行為者性がありますが、これは無限ではありません。大きな社会のなかで生きていて、ほかの人間と協力する必要があることによって、そもそも制限されています。それに、人間は心で選択するだけの存在ではなく、身体をもっていることによっても制限されているわけです。

この緊張関係は、現在のジェンダー政治に最もはっきりと現れています。現代のフェミニズムは、女性はすべての面で男性と平等であり、それゆえ法律のうえでも社会でも同じように扱われるべきであって、収入、雇用、その他の面で平等な結果を期待できてしかるべきであるという考えに動かされています。もちろんこれは非常に望ましい目標です。多くのフェミニストのあいだでは、既存の格差はすべてジェンダー差別の結果であり、男女の生物学的なちがいとは関係ないという見方が強くあります。

たしかに、かつて生物学的な根拠があると思われていたものの多くは、実際には社会的に構築されたものでした。女性の労働人口が大幅に増えて、戦闘部隊で戦うなど、一、二世代前の人なら不可能だと思ったであろう仕事にも女性が従事しています。特定の個人にとっては、生物学的な性とジェンダーのつながりが弱いのは明らかです。けれども、人間にはやはり身体があって生物学的な要素があります。人口全体について、生物学的な性とジェンダーのあいだに結びつきがまったくないという考えはばかげています。さまざまな性質があっても、異なる中央値をもつ正規分布が重なる部分があるのです。

つまり、人間についてのわたしたちの理解の核には人間の行為者性があるわけですが、人間本性をじゅうぶん説明するには、すべての人が共有する生物学的土台とその選択能力とがいかに結びついているのかを考える必要があります。人間は自由ですが、社会的な条件と人間本性によってその自由は制限されてもいるのです。

カント主義の伝統についてはどうお考えですか？

義務論と呼ばれることもある道徳理論のカテゴリーがあります。これはイマヌエル・カントに端を発するものです。カントは道徳法則を人間の実際の性質とは関係ないところで、つまり対象となる人間の実際の状況についての予備知識に基づくことなく発展させました。ある意味では、身体と本性をもたない行為主体としての人間を強調する流れは、カントまでさかのぼることができます。これが現実的な道徳戦略だとはわたしには思えません。わたしたちの道徳理論の多くは人間の置かれた状況に基づいているからです。人びとがどのような存在でいかに行動するのか、その人びとが組みこまれているのはどのような社会なのかといったことについての非常に深い知識に基づいているのです。この見解は必然的にあるていどの相対主義へと導かれていきます。異なる文化では異なるものが重んじられるのであって、それらを道徳についての抽象的な思考から導き出すことはできないからです。わたしは、ある種の普遍的な人間本性があって、それによって道徳法則に一定の境界線が設けられると思っていますが、そのなかでもやはり文化によるちがいがたくさんあります。

最後に、フクヤマさんはアリストテレスとプラトンというふたりのギリシア人のほうがやや好きだと考えていいでしょうか。

アリストテレスの『ニコマコス倫理学』は、カントの義務論の枠組みや英米の功利主義の伝統よりも豊かな道徳理解を示していると思います。功利主義の問題は、わたしたちが人間として目指すものに、ある種の低い水準を設けてしまうことにあります。つまり経済学者が言うように、単純に効用を最大化することを目標にしてしまうのです。

＊＊＊

人権の問題は、中国について考える際にも中心的な問題となる。自由民主主義のメインテーマである人権の価値は、中国でも有効なのか。中国は自由民主主義国ではないが、この三〇年間で劇的な経済成長を経験した。

注

1 Fukuyama, *Our Posthuman Future*, 7.（フクヤマ『人間の終わり』、九頁）
2 "History's Pallbearer."
3 Schulz, Fox, Fukuyama, "Ground and Nature of Human Rights."

4 "Second Thoughts."

5 CRISPR-Cas9は遺伝子組み換えの方法であり、CRISPRは「クラスター化され規則的に間隔が空いている短い回文構造の反復（clusters of regularly interspaced short palindromic repeats）」の略である。

6 Fukuyama, *Our Posthuman Future*, 112.（フクヤマ『人間の終わり』、一三〇頁。訳は一部変更した）

15 中国は自由民主主義の真の競争相手なのか

一九八九年の時点でフクヤマは、強力な国家が過去のものになったと結論づけるのは時期尚早だと考えていた。全体主義体制としての共産主義が解体しても、ナショナリスト的で権威主義的な新しい政治体制や、場合によってはロシア型やセルビア型のファシズムがそれに取って代わる可能性があったからである。こうした体制は、かつてのソ連と同じぐらい民主主義諸国に課題をつきつけるものになりかねなかった。フクヤマは、最も成功を収めている独裁体制、つまり中国が最大の競争相手になる可能性がきわめて高いと考えていた。論文「歴史の終わり？」が書かれたのは天安門事件の前であり、その後、中国の立場は政治的にも経済的にも劇的に強くなった。

通常は、中間層が大きい国が、政治的自由と経済成長を享受できる可能性が高い国でもある。政治学と経済学の研究では、社会が政治の面でいかに発展するかを見るにあたって、大きな中間層が重要な指標となることが示されてきた。経済と教育の面で資源をもつ強力な中間層は、財産権と民主的な説明責任を望む傾向がより強い。

中国モデル

中国と中国モデルは、自由民主主義の真の競争相手なのでしょうか?

ほんとうの意味で自由民主主義に代わるものが存在するのかという論争は、興味深いと思います。ただ、『歴史の終わり』を書いてからずっと言ってきたように、歴史の終わりのテーゼに最も深刻な課題をつきつける唯一の存在は中国です。権威主義的な状態のもとでも、科学と技術を活用してきわめて効率的に近代化を遂げ、経済産出量を増やすことができると示した国だからです。これからの三〇年で中国が引きつづき力をつけていけば、自由民主主義に代わるかなり効果的だと思われるモデルが実際にできることになります。

ほかの国が中国モデルを採用することはできますか?

中国のモデルは、すぐに輸出できるものだとは思いません。中国では能力主義に基づく集権化された官僚制と教育をとても重視する文化が非常に長い歴史をもっていて、それが活かされているのです。中国から文化的な影響を受けた東アジアのほかの国、たとえば日本、韓国、台湾が成功したのもこの伝統のためです。中国やこれらの国は、近代化に着手するずっと前から強力なナショナル・アイデンティティの感覚を確立していました。こうした儒教的な伝統がないところで、このモデルを採用するのは容易ではありません。ルワンダやエチオピアなど、サハラ砂漠以南のアフリカの「開発国家」志向の国を見ると、中国のような制度化された独裁体制の実現からは遠いところにいるのがわかります。それに、中国では対処する必要のない民族の亀裂もそれらの国の根底にあります。

中国人留学生が外国の大学に殺到しています。これは何を意味するのでしょう。フクヤマさんは中国人学生と接した経験がありますか？

アメリカの多くの大学が中国人留学生に深く依存するようになっていて、中国を批判してきた講演者を呼ぼうとすると、それに抗議する中国人学生協会からいきなり苦情を申し立てられます。実際、少し前にわたしの友人がこれを経験しました。チベット問題について講演者を招こうとして、それに抗議する一万五〇〇〇筆の署名を受けとったのです。その人物を招いてはいけないというだけでなく、その講演者を招聘した教員を解雇すべきだとまで主張していました。中国は「シャープパワー」と呼ばれるものを行使し、欧米社会の中心まで影響力を広げることができるようになっていて、わたしたちは欧米の価値観と自由主義の基本的な価値をそれから守らなければなりません。

技術について話してきましたが、中国には前例のないかたちでビッグデータを活用できる規模のメリットがあります。欧米ではファーウェイ・テクノロジーズ社の影響力について議論されてきました。これについてはどうお考えですか？

ファーウェイに代わる存在が必要ですので、エリクソンやその他の、代わりになりうる企業への公共投資を支持します。中国は、かつてはどの全体主義国家にも不可能だった規模の監視体制をつくろうとしています。コンピュータ上での一つひとつの処理をすべて確認し、人が物理的にどこにいるのかを追跡できるのです。非常に小さな逸脱によって人を罰することができる技術的手段をもっている。長期的には中国のほうがロシアよりも問題です。非常に大きくて強力だからです。新型コロナウイルスのパンデミックの結果、この傾向は当然ながら加速するでしょう。一〇〇万人のイスラム教徒が収容所に入れられ、異常な監視のもとで暮らしていて、これは深く懸念すべき事態です。イスラム教国の多くを含め、ほかの国は中国を怒らせるのが怖いので、ほとんどこれを問題にしようとしません。現在、EUは中国について否定的なことをまったく言えない状態になっています。ハンガリーやギリシアなど、どこかひとつの国が「いや、中国の気分を害することはしたくない。中国の資金でインフラ事業をすすめているからだ」と言えば、それまでだからです。

インフラの話をすると、中国は一帯一路の取り組みなどでインフラを整備していて、多くの国で貴重な天然資源を買い占めていますが、人権のことを疑問視したりされたりすることなく、それをおこなっています。これからも中国は、少なくとも非欧米諸国からは称賛され真似しようとされる政治体制でありつづけると思いますか？

必ずしもそうは思いません。ただ、わたしたちもそう簡単に責任逃れをすべきではありません。欧米の代わりとして中国が魅力的に感じられるのは、ひとつには発展に欠かせない道路、電気、港といったものを欧米が発展途上国にうまく提供してこなかったからです。中国はインフラを提供するのが非常にうまい。欧米はこれに大きく失敗してきました。経済成長にはインフラが必要です。これを単なる中国の陰謀だとする見方はまちがっています。中国と受益国の双方にとって実際に有益なプロジェクトがたくさんあるのです。ただ、中国は投資の際にあまり注意を払ってこなかった。多くの場合、経済面で採算が合うかという判断よりも政治的な目的を優先させて投資してきたわけです。電力網を切実に必要としているアフリカの国に対して、欧米の安全基準を満たしていないから中国の提案は受けるなと欧米諸国が言うのは非常にむずかしい。その結果、多くの国が過剰な負債を抱え、借金を返せなくなって、大きな危機につながっています。経済的な資源があるかぎり、おそらく中国はこれまでやってきたことをつづけるでしょう。ほかの国はやはり中国の投資を望みます。先ほど述べたように、欧米がこれを提供するのに大きく失敗しているからです。

経済成長が自由民主主義の高まりを生まないとき

この四〇〇年間の科学革命と技術発展は、近代経済の出現および生活水準の向上と密接に結びついてきました。経済発展は自由民主主義の前提条件なのでしょうか。

わたしの言う歴史の終わりにたどり着けた国もありますが、これは普遍的なものにはならないという主張もあるかもしれません。その見解によると、歴史の終わりはきわめて少数の国の性質にとどまるのであって、現在の貧困国の圧倒的多数は貧しいままか、近代の諸制度を採用しないままでいることになる。その理由もいろいろと挙げられています。かつてあったのはある種のマルクス主義的な主張で、いまのグローバル・システムが貧困国を永久に従属的な位置にとどめているのだとする。これが正しいとは思いませんが、過去の遺産の文化的あるいは歴史的な理由から、近代的な産業社会にはならない国もあるかもしれません。マルクス自身の解釈のなかには、数十年前よりもいまのほうが当てはまるものがいくつかあります。たとえば、マルクスは過剰生産の危機について語っていました。資本主義が非常に効率的になって、どんどん貧しくなっていく人たちが求めるものよりもたくさんの商品を生産してしまう問題です。ジョン・ホブソンやウラジーミル・レーニンによると、そうした国は帝国主義に向かっていきます。非常に効率よく生産される製品のために、資本家は絶えず新しい市場を必要とするからです。

これはある意味ではその通りになりました。いま世界を見わたすと、自動車工場はこれ以上必要ありませんし、製鋼所も必要ありません。すでにある製造業者、とくに中国の業者が非常に効率的で、消費できるよりもたくさん生産しているからです。真の問題は需要不足で、この二〇年のあいだ金利が非常に低いのも、ひとつにはそれが理由です。新しい生産機会があまりない。これは格差の結果です。トップにいる少数のエリートが最大の報酬を得ていて、その人たちだけでは工場の機械を動かしつづけられるだけの需要を生み出すことができないわけです。これは発展途上国に大きな影響を与えます。韓国や日本の輸出主導型成長モデルを再現したいと望む多くの国は、市場がないのでそれを実現できません。製品を買ってくれる人がいないのです。

『後れをとる』の結論では、南アメリカの発展を妨げているのは、根本的にはおそらく法の支配の弱さだと論じています。中国はうまくいって、南アメリカはうまくいっていない。一〇年を経たいま、これについて何かお考えはありますか？

法の支配と近代国家は、実のところおおいに重なります。何が国家の弱さのせいで、何が法の支配の欠如のせいなのか、判断するのはむずかしい。たとえば、法の支配は強制力がなければなんの意味もありません。それを強制するのは国家で、非人格的なかたちで強制するのが理想です。南アメリカに欠けているのがまさにそれですね。だからこそ、あのようにさまざまな麻薬マフィアが勢力を広げていて、国はそれをほとんど抑えることができないわけです。ベネズエラの一部の州は完全にマフィアに乗っ取られていますし、メキシコの一部の州政府も同じです。それらの州は、基本的なルールさえ守らせることができません。犯罪組織の暴力による殺人から住民を守ることができないのです。

中国はどうですか？

中国には非常に効率的な仕組みがあります。独自の歴史の伝統に由来する非常に強力な国家がある。高度に制度化されているので、たいていの権威主義的な独裁国家より有能です。下級レベルはきわめて能力主義的です。適切なバックグラウンドがある人でなければ昇進させません。中国の仕組みのなかでも身内びいきはありますが、それは比較的高いレベルで起こる傾向にあります。共産党内で異なる派閥が互いに競いあっているときです。けれども党と政府の下級レベルでは、官僚制が実際に機能しています。中国はとても大きな国ですし、あれだけ複雑な国を治めるのは非常にむずかしいので、それを考えると官僚制をかなりうまく使ってきたといえます。問題は、将来的にこれがどれほど安定したものになるかです。情報関連や急速な社会変化への対処などで、たくさん問題を抱えていますから。

経済の奇跡によって中国は国際的な影響力を獲得しましたが、そのために、政治参加を求めるという中間層の「通常の」望みが先送りにされた可能性があります。この状態はずっとつづくのでしょうか。大きな問いは、中国はいつか自由民主主義国になるのでしょうか。ならないのなら、それはなぜですか？

まだわかりません。理論上は、中間層が台頭するとさらなる参加を求めるようになるのですが、これまでのところ中国ではそうなっていないようです。標準的な近代化理論によると、豊かになるにつれて、さらなる政治参加を望む中間層が現れる。財産権などを守りたい人たちです。中国のひとりあたりの収入は、それがはじまっていてしかるべき次元にすでに達しています。基本的に一九八〇年代の台湾と韓国のレベルにあって、このふたつの国では当時、中間層が民主主義への道をひらきました。それが中国で起こっている証拠はあまり見られません。中国の文化では、そうした要求がそもそも存在しないのでしょうか。それとも、ほかの事情があってまだ機が熟していないだけでしょうか。いまとは異なる状況のもとでは――たとえば長期的に景気が低迷したら――人びとがそれを要求しはじめるのかもしれません。ただ、いまのところはまだわかりません。

中国にはかなり大きな中間層が存在しますが、高齢化もすすんでいますし、生活水準も大きく向上してきました。わたしたちは、政治に参加し政治に影響を与えたいという中間層の望みを過大に見積もっていたのでしょうか。今後、労働人口が減少していくことは政治の展開に影響しますか？

中国の例は、この過程で中間層が民主主義を強く求めるであろうという期待に背いています。高齢化の影響を知るのは非常に困難です。人口構成の変化は中国だけの問題ではありません。ほぼすべての先進国が、多かれ少なかれ高齢化に直面しています。ヨーロッパ、とりわけヨーロッパ南部でも問題ですし、日本、韓国、台湾といったアジアの民主主義国でも大きな問題です。これらの国すべてで出生率は極端に低く、それは中国でも同じですが、中国は人口が比較的若く、少なくともまだ大きな勢いがあります。一五年後には勢いは衰えているでしょうが。

中国の野心は経済にあって自由主義にはない

二〇一九年夏のはじめに、比較的些細な法案のために香港で抗議運動が起こり、いまもそれがつづいています。香港と、考えられる長期的な影響について、どのようにお考えですか？　より広く中国が将来的に世界で何を望んでいるのか、コメントしていただけないでしょうか。

中国の行動は、台頭するほかの大国が力をつけていくなかでとったのとまったく同じです。この一〇年で、とりわけ習近平が権力を握ってからは、外交政策においてははるかに強く自己主張するようになりました。南シナ海の諸島の軍事化や、一帯一路構想がその例ですね。一帯一路は明らかに中国の外交政策上の利益にかなっています。香港については、中国とは文化がちがうことがこれまでの出来事によって示されています。ようするに抗議デモ参加者はこう言っているわけです。「わたしたちは自分たちのことを、ただ忠実な中国国民だとは見なしたくない」。北京はそれを考慮に入れなければなりません。中国共産党が本土のほかの場所を吸収したのと同じように香港を吸収するのは非常にむずかしいでしょう。中国政府は、新型コロナウイルスの流行を口実に、香港の支配を強めようとしているようです。国際社会での評判も気にかけてはいます。ただ、これからの二〇年で、非常に強くて非常に豊かな香港を中国が以前と同じように必要とするかはわかりません。

世界は攻撃的な中国と共存できますか？

いいえ、それは引きつづき大きな問題になるでしょう。中国は世界の構造全体を再編しているからです。わたしはずっと、世界秩序への最大の長期的脅威はロシアでも聖戦士（ジハーディスト）でも中東でもなく中国だと感じてきました。中国はほかよりはるかに強力だからです。中国共産党は大きく豊かで強力な国を支配しています。ジハーディストが劇場やカフェで人を撃つのは、ほかに影響力を行使する手段がないからです。劇的ではありますが惨めでもあります。大きな障害にぶち当たらなければ、中国は経済面でアメリカよりも大きな国になるでしょう。むこう一〇年のうちにそうなるはずです。

中国は台湾を攻撃するでしょうか？

その可能性は実際にあります。台湾で暮らす人の多くも含めて、たいていの人は本気にしていませんが、その可能性はおおいにあって、しばらく前からわたしは、東アジアで軍事紛争が実際に起こる見こみは世界のビジネス界が考えているよりもずっと高いと思っていました。力をつけるにつれて中国の野心は大きくなっていて、島々を軍事化した南シナ海にすでにそれが見られます。

二〇一七年にフクヤマさんは中国についてこう言っています。

国内問題では、リベラルな中間層が実際に存在します。しかし外交政策では状況がまったく異なるのです。強力なナショナリズムと、中国が尊敬をもって公平に扱われていないという鬱積した強い憤りがあります。民主的な中国は、実はある意味ではさらにナショナリスト的になる可能性もある。政治家は票を獲得するために競いあわなければならなくなって、票を得るひとつの手段が、ナショナリズムの問題を煽動的に扱うことだからです。[1]

長期的に中国は支配的な勢力になるのでしょうか?

アメリカのような覇権的な位置を中国が占めることになるとは思いません。

二〇一〇年には、将来的に中国が強くなると「独裁国家か民主主義国かという議論」に世界は「飽き飽きして」、「いい統治か悪い統治かという、より実際的な議論へと道を譲る」と主張する中国の知識人たちには反対かという質問をフクヤマさんは受けています。[2] いまでもやはり反対ですか?

民主主義と個人の権利に価値があるのは、単にグッド・ガバナンスと経済成長の手段としてではありません。それ自体が重要で、それによって民主主義社会が市民の行為者性と尊厳を認めるのです。「グッド・ガバナンス」などという抽象概念のために欧米の人たちがこれを手放すことはありません。

強力なリーダーの問題と権威主義体制の弱点

『ジャーナル・オブ・デモクラシー』に寄せた論文でフクヤマは次のように指摘している。「近代的でよく統治された国家を打ち立てられないことが、近年の民主主義への移行のアキレス腱である[3]」。中国は最近、習近平国家主席が任期なしでその職にとどまれるようにした。後継者を決めるルールがなく、指導者や政治家をその座からおろす可能性もない政治秩序にとって、その移行はきわめて重要な問題のひとつである。

二〇一一年、中国モデルをめぐる議論でフクヤマさんは張維為(チャン・ウェイウェイ)教授から異議を申し立てられて、中国についてのご自身の見解を擁護しなければなりませんでした。[4]中国モデルにおける後継者決定の問題については、どうお考えですか?

後継者の決定はすべての権威主義体制にとって大きな問題です。さまざまな権威主義体制のなかで中国の一党支配国家に際立って見られる特徴のひとつが、一九七八年以降、ほかよりはるかに制度化がすすんだことです。つまりルールをつくったのですね。定年制のルールがあり、後継者決定のルールがあって、一〇年の任期があった。共産党政治局の常務委員会をつかさどるルールがあって、そこで物事をどう処理するかについてのルールがあった。習近平はこれらの多くを覆してきました。非制度化がすすんでいて、それはけっしていいことだとは思いません。

なぜ習近平はそれをしたのだと思いますか？

わかりません。明らかに自分は欠くことのできない人物だと思っているのです。やりたいことをやるには一〇年では足りないというわけです。彼の真の動機はだれにもわかりません。ただ、習近平には敵がたくさんいます。党内で多くの人を怒らせてきたので、単純に引退するわけにはいかないのです。

ひとつの問題がリーダーの後継者決定です。もうひとつが、権威主義国家はいかに危機に対処するのかという問題です。二〇一九年のクリスマス前に中国を襲った新型コロナウイルスは、そうした脅威の一例でした。

理屈のうえでは、中国の政治体制には多くの弱点があります。新型コロナウイルスの例では、トップダウンですべてを管理しようとする試みにそれが見られます。この種の危機では、そうした試みは恐ろしい結果を招くのです。人は目の前で見ているものに正直になりたがらないからです。指導者たちは、状況がきわめて深刻であるという地元の専門家たちの警告を握りつぶしていて、その後、この最初の医師はウイルスのために亡くなりました。

他方で中国の国家には大きな強制力があって、パンデミックを抑え、経済活動を再開できるところまでもっていくことができました。ただ、そのために人びとの権利はおおいに犠牲になりましたし、韓国などの民主主義諸国はそこまで権威主義的でない手段でさらにいい結果を出しています。とはいえ、新型コロナウイルス危機での中国の仕事は、混乱したアメリカの対応と比べるとかなり統制がとれていたように思えます。

これは深刻なウイルスの例で、今後どうなるのかわかりませんが、一般的にこの種の脅威によって中国の安定はどれほど揺さぶられる可能性があるのでしょうか。

すべては、そのような脅威がどれだけ長くつづくかによります。最終的に抑えることができれば影響はまったく出ないでしょうが、手に負えなくなって経済が長いあいだ停滞すれば、指導部になんらかの異議が申し立てられるようになる可能性があります。とはいえ、こうした弱点によって中国の台頭が大幅に遅れると考えるのは大まちがいだと思います。この先の政策立案のために想定しておかなければならないのは、これから何年ものあいだ中国がわたしたちよりかなり速く成長し、やがて明らかに世界最大の経済大国になって、ひとりあたりの国内総生産もヨーロッパやアメリカに近づいていくであろうということです。

いずれにせよ、人びとの反応は絶対的な成果よりも相対的な成果によって決まるのかもしれません。中国では、イタリア、スペイン、アメリカなど多くの民主主義諸国が新型コロナウイルスにうまく対処できなかったことに多くの人がショックを受けました。それによって、中国自身の対応への国内での批判が当初は抑えられたのです。

中国と比べたとき、わたしたちの最大の強みのひとつは、悪い指導者を交替させられることでしょうね。

ええ、単なる自由主義秩序ではなくて真の自由民主主義がもっている大きな強みのひとつは、支配層のエリートが大きなへまをしたら、その人たちを辞めさせる手段があることです。それをやすやすと手放すわけにはいきません。

注

1 "Modi Is Pretty Impressive."

2 Fukuyama, "'End of History' 20 Years Later."
3 Fukuyama, "Why Is Democracy Performing So Poorly?," 12.
4 Fukuyama, "The China Model."

16 わたしたちは文明の衝突を経験しているのか

話題はフクヤマとサミュエル・ハンチントンの論争に戻る。ふたりの有名な論争は、『文明の衝突』の刊行をきっかけにはじまった。その本でハンチントンは、文化のちがいに基づいて世界を七つまたは八つの文明に分ける。これらの文明のあいだで生じる現在と未来の紛争は、文化とアイデンティティを土台としたものになるというのがハンチントンの立場である。ハンチントンの見解では、普遍的な価値観は存在せず、それゆえ異なる価値体系が衝突して不穏状態と紛争を生む。[1] 二〇一〇年に『歴史の終わり』を振り返って、フクヤマは次のように書いている。「ハンチントンとわたしのちがいは、やや誇張されてきた。わたしが書いた『「信」無くば立たず』という本では、文化がひとつの鍵となって経済の成功と繁栄の可能性が決まると論じている。したがってわたしは、文化が決定的に重要な役割を果たすことを否定してはいない。しかし全体としては、問題は次の点にある。すなわち、普遍的な価値観が存在したり異なる価値観が収斂していったりする可能性がないほど、文化的な性質は深く根をおろしているのかという点である。この点でわたしはハンチントンと見解を異にしている」[2]。

文化的差異としての宗教

わたしの理解では、フクヤマさんとハンチントンの論争は、文化と宗教の理解についてと、それが政治の展開にいかに影響するかについてのものです。自由主義的な欧米の制度と価値観は普遍的なものなのでしょうか。それともハンチントンが論じるように、単にヨーロッパ北部の文化的習慣から生まれたものにすぎないのでしょうか。

ある意味ではこれは、歴史の終わりの仮説に対する最も深刻な挑戦です。わたしが過去に論じたのは、当然ながら自由主義的な価値観は普遍的ではないということです。それは長年かけて偶発的に発達したのです。欧米でもそれは、何百年ものあいだ存在しませんでした。近代自由主義は、宗教改革後の宗教戦争への反応として、十七世紀に初めてヨーロッパに登場したのです。ある種の普遍的な歴史があるとするなら、次のような前提を設けなければなりません。国は近代化するものであり、文化に依存しない一定のきまった段階を経ていくのだ、と。『政治の起源』と『政治の衰退』で説明しようとしたのがこれです。人間の歴史を非常に長い目で見たら、歴史上のさまざまな段階を経て驚くべき進歩を遂げてきたことがわかります。狩猟採集社会を経て、その後、小さな集団（バンド）をつくり、部族社会へとつづいていく。これは世界のほぼどの場所でも繰り返されています。国家レベルの社会ができて、その後、法律や民主的な説明責任が加えられていく。発展には明らかに普遍的なパターンがあるのです。東アジアが豊かになるにつれて経験してきた社会の変化を見ると、ヨーロッパで起こったことを繰り返しているのがわかります。都市化がすすみ、教育レベルが上がって、移動性が高まるわけです。ようするに近代化ですね。高い次元の経済発展を遂げても繰り返されない唯一の要素が民主主義です。日本、韓国、台湾ではちゃんと登場しましたが。

自由主義的で普遍的な民主主義、つまり自由民主主義を「近代化プロセス」と言い換えれば、それはどこでも似ていると、そういうことですか？

ええ、非常に似ています。

ハンチントンはフクヤマさんよりも悲観的だとわたしは理解していますが、正しいでしょうか。

ええ。ようするにハンチントンは、自由民主主義は欧米の経験に固有の産物にすぎないと考えていたわけです。

だから、ほかの国は自由民主主義国にはならないと。ハンチントンはある意味、自由民主主義を否定していたのでしょうか。

否定していたわけではありません。自由民主主義がいちばんの制度ではあるけれども、普遍的ではないと考えていたのです。したがって、その種の欧米の文化遺産がある国でしか繁栄しないと。

二〇一八年にフクヤマさんはこう言っています。「まず、相手と比べて成績はどうかを検討することからはじめてもいいだろう。現時点では、ハンチントンが勝っているようだ」[3]。そのうえで「こうした問題については、判定はまだ下されていない」とつけ加えています。これは少し前の話です。いまはハンチントンとの論争についてどう考えていますか?

当初から、ハンチントンは集団をまとめる一定の力を認識していないようにわたしは感じていました。グローバリゼーションがこの種の揺り戻しを生んだので、こうした力はいまは弱くなっているように思えますが、それでもこのプロセスが完全に逆戻りすることがあるのかはわかりません。わたしがあの論文で言いたかったのは、ハンチントンの分析の単位がまちがっているということです。文化が重要だった、あるいは引きつづき重要であることはわたしもずっと認めていましたが、ハンチントンは文化を、基本的に宗教の伝統とその大きな単位によって理解しています。儒教社会、欧米のキリスト教社会、ヒンドゥー教社会といった具合です。アイデンティティは、大きな文化的単位に幅広く基づいて展開してきたこともあったとは思います。けれども、人びとが重視する実際のアイデンティティはいつでもそれよりずっと小さくて、ずっと流動的です。国の発展の仕方をほんとうに決めるのは、必ずしもそうした大きな単位ではありません。現代の日本人や韓国人は、みんなひとつの「儒教的」文化集団に属しているはずだからといって互いに連帯意識を抱くことはないのです。

ハンチントンの見解は、より静的であるようにわたしには思えます。つまり価値観は――それにあるていどは文化も――適応したり、変化したり、互いに影響しあったりできないと考えている。一方でフクヤマさんの見解は、わたしの考えではより動的です。文化と価値観は変化するものである。最も重要なのは、影響関係がどう働くのか、だれがだれに影響を与えるのか、それによってわたしたちはどこに向かうのかです。

ハンチントンは普遍的な価値観があるとは考えていません。ハンチントンによると、世界の大きな文明の一つひとつは共有された一定の価値観を中心に成立していて、その価値観の起源は複雑な過去の歴史にあり、究極的には互いに通約不可能、つまり根本から相容れないわけです。

ハンチントンはまた、文化的な影響力は実際には権力の問題だとも論じています。アメリカが世界で最も強力な国であるように見えるあいだは、人びとはそのモデルを真似したがる。中国がアメリカをしのぐようになると、中国のほうが人気のモデルになる。そういったこともありえます。問題は、中国モデルが実際に世界政治を支配する可能性がどれほどあるかです。やや疑問だとわたしは思いますが、この先、何が起こるかわたしにはまったくわかりません。

一部の社会は自分たちの文化的な価値観とあまりにも強く結びついていて、そうした価値観は自由民主主義的な政治秩序とは相容れないとハンチントンは論じています。そのために、それらの社会は近代化を妨げられたり、異なる政治体制をつくったりするのだと。この主張は有効ですか？

より微妙なニュアンスをもった見解が必要です。文化的な価値観が近代化を遂げる能力に影響することに疑問の余地はありませんが、他方で文化的な価値観も変化するからです。問題は、近代化を可能にするほど変化するのか否かです。七五年あるいは一〇〇年前には、欧米のほとんどの論者は東アジアが近代化することはありえないと考えていました。でも実際には近代化したわけです。ある社会には近代化を不可能にする一連の文化的価値観があると自信満々に言う人は、そうした主張をするにあたって少し気をつけるべきです。

いまハンチントンが生きていたら、どう言うでしょうか。

そうですね、おそらく自分は基本的に正しかったと言うでしょう。宗教の台頭は引きつづききわめて重要だからです。ハンチントンは、亡くなる前の一〇年は、世界中で宗教が政治に与える影響を考えていました。

宗教が重要であることには賛成しますか？

宗教は重要ですが、それが結果を決めるとは思いませんし、重要な分断の多くは、実際にはそうした宗教集団の内部で生じています。たとえばイスラム教徒はシーア派とスンナ派のあいだで内戦を経験しています。宗教がそれほど重要ではない地域も世界にはありますね。東アジアには、欧米やイスラム教やヒンドゥー教のような意味での宗教に類するものはあまりありません。これらの宗教は、超越的な神を信じることから生じる規則や価値観を高度に組織化し制度化した体系といえますが、こういったものは東アジアには存在しないわけです。

文化と宗教によって国の性質が決まるのだとして、その国がたまたま自由民主主義国になったのだとしたら、自由民主主義は一定の普遍的な原理のうえに成立するという主張は無効になります。おふたりの意見の相違は、つまるところそこに行き着くのでしょうか。あるいは、今後の見通しと時間の問題でもあるとお考えですか？　つまり長い目で見たら、フクヤマさんのおっしゃる通り物事は静的ではないのかもしれません。フクヤマさんはこう言っています。「ほかの人の文化から盗まなければ、世界で文化が進歩することはありません」[4]。

おっしゃる通りです。ヨーロッパやアメリカでの新しいポピュリスト運動の背景には宗教もあるかもしれませんが、この運動はナショナリズム、民族、人種、経済格差、共有された歴史の記憶といった、昔ながらのさまざまな力によって駆り立てられています。ある意味では、ハンチントンが言っていたことは現在のポピュリストの蜂起に当てはまります。エリートのあいだには、自分たちはなんらかのかたちで文化を超越しているのだという考えがあったからです。ハンチントンが「ダボス人」と呼んだのがこれですね。ヨーロッパを見わたすと、とてもコスモポリタンで各地を転々としていて、自分がどの国で育ったのかをあまり気にしない若者がたくさんいます。けれども、多くの人はそんなふうではなく、自分の社会に根をおろしたままです。移動しないし、伝統的な価値観とはるかに強く結びついている。これが大きな要因になって、イギリスのEU離脱や、ヨーロッパの行く末をめぐる現在のさまざまな論争において、意見が割れているわけです。ただ長期的には、ほとんどの富を生み出すのは、高い教育を受けたよく移動する人たちです。教育を受ける人が増えていて、かなり着実にそうした方向へすすみつつあります。人びとは町や都市に移り、高等教育機関に通って、富を生み出す。近代化の過程で起こるのがこれです。

イスラム主義と民主主義の諸価値

——『歴史の終わり』でフクヤマは次のように書いている。「対照的に、正統ユダヤ主義やイスラム原理主義は、政治の領域もふくめて公的および私的な人間生活のあらゆる分野を規定しようとする全体主義的な宗教である。そしてこれらの宗教は、民主主義と共存が可能かもしれない。とくにイスラム教はキリスト教に劣らず普遍的な人間平等の原則を打ち立てているのである。
しかしながら、これらの宗教が自由主義や普遍的な諸権利の承認と調和すること、とりわけ良心の自由や宗教の自由と調和することはきわめてむずかしい[5]」。

あるインタビューでフクヤマさんはこう言っています。「イスラム主義のなかには、実は承認への欲求によって動かされているものもあると思います。そこでは内なる尊厳は、イスラム教徒であることの尊厳であり、イスラム教徒が世界のさまざまな場所で迫害されたり、殺害されたり、抑圧されたたりしているという感覚に基づいた尊厳です。そしてイスラム教徒として求める尊厳は、このウンマ（イスラム共同体）に所属し、イスラム教徒ではない人たちから尊敬されることです。これもまた尊厳の政治の一形態にほかなりません[6]」。これは恐ろしいことです。ある意味では、イスラム主義はアイデンティティの取り組みの成功例ですが、同時にこれは暴力的で分断を促すものでもあり、自由民主主義と相容れないものでもあります。ISISすなわちダーイシュは、国民国家の形成に必要な領土を失いましたが、ISISはまだ存在します。これはそれ以前の急進派運動とは異なるのでしょうか。

より極端です。過激主義はサウジアラビアにたきつけられています。ようするに、一九七九年のアル＝ハラム・モスク占拠事件のあと、サウジアラビアはサラフィー主義という超保守的なイスラム主義を輸出するのに大きな力を注ぐようになったのです。実のところ、問題はイスラム教それ自体ではありません。サラフィー主義よりもはるかにリベラルで寛容なバージョンのイスラム教もあるからです。サウジアラビアがこの問題の原因だとわたしは強く思っています。ほかとは異なるこの特別な形態のイスラム教に力を与えているのはサウジアラビアです。

より暴力的な形態でもある？

暴力もひとつですが、サウジアラビアのバージョンはより広く女性、ゲイやレズビアン、ユダヤ人への接し方の面で民主的な価値観と相容れません。基本的平等を信じていないのです。

根本的な問いは、将来的に〝リベラルな〟イスラム教が登場するのか否かです。これについてはどうお考えですか？

登場してほしいと思います。ただサウジアラビアは豊富な資金をもっていますので、当面は保守的なイスラム教の支援をつづけるかもしれません。イスラム人口の非常に多い国はほかにもありますが、インドネシアのようなイスラム社会は、ここ数年ではるかに過激化しています。

アラブの春のあとの現在のイスラム原理主義、シリア内戦、近年の中東情勢の展開についてどうお考えですか？

チュニジア以外でアラブの春が民主主義につながらなかったのは、まず非民主的なイスラム主義政党が登場したためであり、またエジプトで見られたように、アラブの春への反発が起こったためです。チュニジアにだけは、比較的穏健で民主主義のルールに従って行動しようとするイスラム主義政党〈アンナハダ〉がありました。

イスラム主義は宗教ではなく政治として理解すべきなのでしょうか。

イスラム主義とは、その定義からして、宗教としてのイスラム教の政治的表現です。イスラム主義、急進派イスラム主義は、その一部しか宗教的な現象ではないとわたしは考えています。周囲の環境から切り離されていると感じている熱心な信者、敬虔なイスラム教徒がいて、第二世代、第三世代のヨーロッパのイスラム教徒は、多くがこうした困難な文化的状況に直面しています。親や祖父母の宗教的伝統からは離れたけれども、腰を落ちつけたヨーロッパの社会に受け入れられたとは感じていないわけです。政治的な運動としては、承認とアイデンティティの追求に動かされている部分が大きい。ウサーマ・ビン・ラーディンなどさまざまな過激派指導者の発言を聞くと、非常に似かよったことば遣いをしています。我々が所属する集団は蔑まれている。我々は、誇り高きイスラム教徒である。我々は、世界を支配するアメリカやドイツといった国で尊敬されていない。我々は自分が暮らす国で不当に扱われている。イスラム教徒として反撃できることを世界に見せつけなければならない。その反撃は、世界中に広がりイスラム教徒に尊厳を与えている国際的なイスラム共同体に加わることによってなされる、といった具合です。

このイスラム主義は一種のナショナリズムですか？

宗教とナショナリズムは近代のアイデンティティのふたつの形態で、政治的事業家が権力を獲得するために利用されています。それによって、人びとをひきつけるわけです。現代政治の多くの部分がアイデンティティによって動かされています。

国による移民レベルの管理

国際的な移動の自由を擁護する哲学的でコスモポリタンな主張については、どのようにお考えですか？

非常に偏った主張だと思います。政治を考慮に入れていないからです。どういうことかというと、世界中で人権を守らせることができる世界政府は存在しません。したがって、人権を守らせるには既存の国家に頼らなければいけないわけです。権限は限られていますし、世界の人権のほかにも守らなければならない政治的な利益があります。国際人権運動に携わる人のなかには、移住の普遍的な権利があると主張する人もいますが、とんでもない考えだとわたしは思います。それを認めたら、政治的にきわめて不安定になるでしょう。

そういった人たちは、理想主義を掲げて実際の政治を無視しているという意味で世間知らずなだけなのでしょうか。それとも、その人たちの考えは規範的にまちがってもいるのですか？　つまりフクヤマさんの考えでは、自由民主主義は、なんらかのアイデンティティの印によって結びついた「市民」という、その本質からして範囲を限定された要素と不可分なのでしょうか。

ええ、不可分だと思います。国際的な移住の権利は規範的にまちがっています。民主主義とはつまり国民主権のことであって、その国民がだれかを定義できなければ民主主義は成立しないからです。したがって、コミュニティに加わる権利がだれにでもあって、国民が望もうが望むまいが、だれでも国民になる権利があるとしたら、民主主義は首尾一貫しないものになってしまいます。

文化を理由として、自由民主主義からかけ離れた国家からの移民を制限するのは許されるのでしょうか。移民という領域では、一方で自由民主主義の土台である普遍的価値と、他方で自由民主主義を機能させる社会的結束や信頼が綱引きをしているのですか？　だとしたら、その緊張関係をどのように解消したらいいのでしょう。

文化をどう理解するかによります。現在では文化を民族や宗教によって定義することは受け入れられません。現代社会のほとんどは、民族の面でも宗教の面でも非常に多様だからです。しかし自由民主主義にはそれ自体の文化的な規範があって、ある社会が新しくやってくる人たちにそうした価値を受け入れるよう求めるのは完全に正当なことです。

それとは別に、もうひとつ規範的な問題があります。わたしたちの社会の外にいる困難を抱えた人たちに対して、いかなる義務を負うのかということです。ある個人が自分の国にいる貧困者に自分の財産をすべてあげる義務がないのと同じで、国も、抑圧されたり困難に直面したりしている世界中の人びとを支援するのに無限の義務を負うわけではありません。まずは自国民の問題からはじめる必要があって、金銭的に余裕があれば、ほかの人たちに手を差しのべればいいわけです。ほかの人たちを助ける義務は、必然のものでも無限のものでもありません。

政治の最大の単位として望ましいのは国家だと思うとフクヤマさんは書いています。

それもひとつの問題です。民主主義理論は、一定の範囲をもった国家を想定してもいるのです。国家の構成員に制限を設けなければ、これは機能しません。

しかし世界の移民の状況をふまえて考えると、世界的な貧困、抑圧、搾取への対応を調整するさらに大きな超国家機関が必要だという主張もありえませんか？　自由民主主義が守るべき権利をいまの国家システムが保障できていないのだから、そうした機関が必要だという主張もありうるのではないでしょうか。

明らかに、ＥＵは別の次元の機関をつくり出してそれが事態を混乱させてきました。ただ、ヨーロッパの真の権力はいまでも国レベルにあります。いまは外交・財政政策の意思決定にこれが見られます。一つひとつの加盟国が、いまなお大きな拒否権を保っているのです。

同化と多文化主義

欧米文化では多文化主義が支配的な位置を占めていて、移民は自分たちの習慣、文化、価値観を保っておけるべきだと考えられています。これは問題ですか？

二十世紀なかばまで、欧米社会のほとんどは基本的にキリスト教社会で、そこには共通の宗教的な文化的価値観があり、これが道徳と人びとの世界観をかたちづくっていました。これらの社会は、二十世紀終わりから二十一世紀にかけて世俗化しはじめます。なかにはそうした宗教的な考えがイデオロギーやマルクス主義やその他の体系的な信念体系に取って代わられた例もありますが、実質的に二十世紀後半には、欧米社会をほんとうの意味でひとつにまとめる包括的な一連の価値観はなくなりました。多文化主義は、その種の道徳的混乱状態の現れにすぎません。個人の自律は、人びとが自分たち自身の価値体系をつくることができることだと解釈されています。なんらかの調和を強いることなく多文化主義を祝福しようとすると、そこからより大きな問題が生じ、自分の社会の道徳的基礎が何かがはっきりしなくなります。人びとが互いに協力するには、共通の価値体系が必要なのです。

自由民主主義の役割の一部として、ジョン・ロールズの言う「自分の考える善を追求する」ことを国家が市民に許すのを保証すべきだとしたら、過度の統合を求めるのは危険ではないでしょうか？[7]

いいえ、これから最大の課題になるのは、イスラム教徒のマイノリティへの対応です。国民的合意（コンセンサス）は、国が民族的にも宗教的にも非常に均質であることと強く結びついています。そしていまは、大きなちがいを抱えた人口がかなりの数いるわけです。問題はヨーロッパの多くの国が直面しているものと同じです。移民のマイノリティは最終的により大きなナショナル・アイデンティティに統合されるのか、あるいは、存在するけれどもその国の一部だとはあまり感じられることのない、ある種の並立した社会を形成するのかという問題です。後者は非常に望ましくない結末だとわたしは思います。バルカン半島や中東などの政治がこの状態にあります。宗教的・民族的マイノリティをより大きな自由主義的・民主的文化に同化させるチャンスがあるのなら、そうすべきです。

かつてのインタビューでフクヤマさんは、「何に価値を置いて何を斥けるのかを恐れず口にする文

化への移民の同化」を呼びかけています。[8] 同化はずいぶん前から多くの人にとってタブーになっていて、「統合」が政治的に正しいことばだとされています。移民は自分たちの文化、習慣、価値観を保つのを許されるべきで、求められるのは法の支配と民主主義における基本的な権利を尊重することだけだというわけです。同化は、国に組みこまれて、もっと深い次元で国と自分たちを結びつけることを意味します。このちがいについてどうお考えですか？ なぜ同化が重要なのでしょうか。

九月十一日の同時多発テロの余波と格闘するオランダやその他のヨーロッパ諸国を何度も訪れてから、この問題についてずっと考えていました。そこでわかったのは、それらの国には社会にうまく統合されていないイスラム教コミュニティがあって、いかに統合をおこなえばいいのかを模索しているということです。この統合政策は、研究対象として興味をそそられるおもしろいものでした。アメリカでは、同化にはヨーロッパのような否定的な意味合いはありません。わたしにとってそれは、文化、言語、さまざまな習慣など、基本的な性質の一部を受け入れるということにすぎません。

＊　＊　＊

二〇一八年、フクヤマは『文明の衝突』刊行二十五周年を祝っている。

『分断されるアメリカ』を刊行したあと、ハンチントンは反移民の人種主義者だとして非難された。フクヤマはハンチントンについての一般的な見解とは微妙に異なる見方を示そうとしたうえで、自分自身の見解が正しいと主張する。

北アメリカの「アングロ＝プロテスタント」の移住者が国の成功に寄与したのは、その民族性のためでなく、プロテスタントの労働倫理、ロック的な個人主義の信奉、集権化した国家権力への不信感など、彼らがもたらした文化的な価値観のためである。しかし当時、アメリカが移民の受け入れをつづけるよう擁護した際にわたしが言っていたのは、こうした文化的な価値観は特定の民族的なルーツから切り離され、全アメリカ人の所有物になったということである。ただし、文化の傾向はやはり重要だ。[9]

このようにふたりの見解は、一九九〇年代の論争で示唆されていたほどかけ離れてはいなかったのかもしれない。

注

1 Harrison and Huntington, *Culture Matters* を参照のこと。
2 Fukuyama, "'End of History' 20 Years Later."
3 Fukuyama, "Clash at 25."
4 Rubenstein, "Francis Fukuyama on Identity Politics and Diversity."
5 Fukuyama, *End of History*, 217.（フクヤマ『歴史の終わり』下巻、七八頁）
6 Rubenstein, "Francis Fukuyama on Identity Politics and Diversity."
7 Rawls, *Political Liberalism*.（ロールズ『政治的リベラリズム』）
8 "Democracy and Its Discontents."
9 Fukuyama, "Clash at 25."

17 どうすれば自由民主主義を繁栄させられるのか

国民国家は廃れていない。それどころか、さらに重要になっている。ナショナリズムと国際協力をうまく両立させるのはむずかしい。多くの問題には国際的な解決策が求められるが、それには協力する国が必要である。フクヤマは国民国家が政治の最大の単位であると考えていて、人が自分自身と国とを結びつける際に役割を果たす非合理的な感情を認める必要があると考えている。

民主的な諸価値を土台に
ナショナル・アイデンティティを成立させる

国民（ネイション）と国家（ステイト）のあいだには重要な区別があります。フクヤマさんは「国家建設は究極的には国民形成の土台のうえになされなければならない」[1]と言っています。国民形成とは何ですか？　国家は国民形成にどのように寄与できるのでしょうか。

国家は正式な諸制度、政府、法律制度、憲法秩序から成立しています。国民はもっとインフォーマルな一連の物語や価値観であり、同じ社会で暮らしていると人びとに感じさせ、同じ基本的な制度の正統性を信じさせるものです。このふたつはかなり異なります。国家をつくるほうが国民をつくるよりもはるかに簡単です。国民は、教育制度や指導者たちの発言を通じて国家から影響を受けることもありますし、人びとが自分たちについて語る物語から影響を受けることもありますが、法律を通過させるだけで国民をつくることはできません。

国民とは何ですか？

それは、現代の民主的政治理論が納得いく答えを出せていない問いのひとつです。いまの国民の多くは、民主主義以前の時代につくられたもので、また多くははなはだしい暴力と力の産物です。国民を民主的につくるのは、かなりむずかしいのです。

攻撃的なナショナリズムと穏やかなナショナリズムの境界線はきわどく、そこでバランスをとるのは容易ではありません。こうした問題をどう整理しますか？

これはヨーロッパで問題になっています。ノルウェーではさほどではないでしょうが、ファシズムの歴史があるドイツとイタリアでは問題です。ナショナリズムがファシスト・ナショナリズムに退行した過去があるからです。ただ、ナショナル・アイデンティティの感覚がなければ民主主義は成立しませんので、ナショナリズムが問題だというのはまちがいです。ナショナル・アイデンティティは民族や宗教ではなく民主的な諸価値を中心に成立していなければならない、というだけのことです。

『歴史の終わり』でナショナリズムと自由主義について書いています。このふたつの関係が歴史的にどう展開してきたのか説明していただけますか？

自由主義のほうが先に登場しましたが、このふたつはいっしょに発展しました。権力は国民を土台として組織化されるので、統一をもたらすナショナル・アイデンティティの存在が重要です。ある種の不安な緊張関係はこれまでもずっとありました。大きな問題のひとつが、国民形成は自由民主主義よりも権威主義体制のもとでのほうがはるかにやりやすいことです。ルールを強制できますし、長期間、特定の暮らし方をするよう人びとに強いることもできますから。現代のすべての民主主義国は、非民主的な手段で形成された国民を運よく引き継いだのです。それらの国が安定しているのは、こうした国民をただ引き継いで、自分たちでつくる必要がなかったからです。

現在の政治情勢のもとでは、ナショナリズムがまた表面化しています。この展開についてどうお考えですか？ これはフクヤマさんが信じるナショナリズムなのでしょうか。

民主的な諸価値に基づいたナショナル・アイデンティティが必要です。つまり、ひらかれていて、寛容で、ある国に国民として暮らす人がみなアクセスできるものでなければなりません。ヨーロッパが抱えている大きな問題のひとつは、多くの人が、とりわけ左派の多くの人が、この種の共通の民主的なナショナル・アイデンティティがありうるという考えを受け入れられないことです。「国民（ネイション）」ということばが入ったものはすべて、二十世紀はじめの攻撃的で不寛容な時代遅れのナショナリズムと結びつけられる。これは大きなまちがいです。ナショナル・アイデンティティの感覚がなければ民主主義は成立しないからです。つまり、自分たちの民主的な制度と諸価値の正統性をみんなが信じていないといけない。この愛着心は単に知的なものではなく感情的なものである必要があります。単に知的なものだったら、「まあなんだな、自分の国のことはそれほど好きじゃないな」と考えることもできてしまうからです。

ナショナリズムを求める右派の主張についてはどうですか？

そうですね、そうした右派政党の多くは、ある種の民族に基づいた国民理解に立ち戻るべきだと言っています。わたしがオランダで会ったある男性は、イスラム教徒のほうがたくさん子どもをつくっていて、この傾向がつづけばもともとのオランダ人のほうが少なくなると不満を口にしていました。オランダ人を民族に基づいて理解しているかぎり、外からやってきた人はだれもオランダ人になることができません。オランダ人であるとはどういうことなのか、それについての理解を変えなければならないというのがわたしの答えです。

フクヤマさんは理念のアイデンティティという考えについて述べています。これは何を意味するのですか？　それはどうやってつくればいいのでしょう。

ナショナル・アイデンティティの感覚あるいは理念のアイデンティティの感覚は、基本的には各社会における物語の問題です。自分は何者なのか、国民としてどこからやってきたのか、伝統、ともに祝うことがら、そういったことについての一定の物語とともに人は育ちます。そうして感情面での結びつきができるわけです。映画『インビクタス／負けざる者たち』からひとつ例を挙げましょう。これは一九九五年に南アフリカで開催されたラグビーのワールド・カップについての作品です。ネルソン・マンデラは黒人の南アフリカ人に、ほぼすべて白人からなる南アフリカ代表のラグビー・チーム

〈スプリングボクス〉を応援させるよう意識的に仕向けた。そういった場でこそ感情が生まれるからです。たいていの人は、法の支配のような抽象的なものは気にかけません。でもスポーツは気にかける。マンデラは、異なる人種コミュニティに異なるスポーツのヒーローがいるようでは多民族社会をつくることはできないと理解していました。彼が先見の明のある偉大な指導者だった所以がそこにあります。マンデラは全国民が応援する代表チームをつくりたかった。それがリーダーの役目です。

フクヤマさんは発展途上国や国家が比較的弱い国のことも研究しています。支えとなる制度をつくるのを外国人が手助けすることはできるのでしょうか。それともそれは、市民が自分たちでやらなければならないのですか？

外国人がほかの国で制度をつくったこともないわけではありません。現代のインドの制度は、その多くがイギリスからやってきたものです。ただイギリスはインドに二〇〇年ものあいだとどまっていて、長い時間をかけています。外国人が国家をつくるのがむずかしいのは、国民形成の取り組みをともなわなければ国家建設は成功しないからです。ここでいう国民形成とは、一連の物語や象徴をつくり、同じ政体に帰属していると人びとに考えさせるという意味です。これは外国人にはとうていできません。社会の内側からそれをする必要がある。自分たちの伝統や歴史などを知っているのは、そこで暮らす人だけだからです。その人たちこそが有効な物語をつくることができるのであって、最も有能な国家建設者は、こうした物語をつくるのに多くの注意を払った人たちです。たとえば明治維新期の日本では、明治国家の建設者たちは、統一をもたらすイデオロギーとして意図的に神道を利用します。神道は日本文化のなかに何百年ものあいだ存在していました。それに神道は、彼らが考えていた国家統合の象徴としての天皇の役割とも結びついていたのです。そうして、この宗教的な考えを基本的に推しすすめたわけです。外部の人間がこういったことをするのは不可能だったでしょう。

アイデンティティの話の締めくくりとしてお訊きしたいのですが、フクヤマさんはアイデンティティの概念が好きではないという理解でいいでしょうか。アイデンティティはどのように政治に影響を与え、経済の問題に取って代わるのですか？

わたしは、アイデンティティに反感をもっているわけではありません。近代の人間が自分自身について考えるときに、そのあり方を根本から支えている概念なので、それから逃れることはできないのです。正しい種類のアイデンティティでなければならないというだけのことです。人種や民族や国民に基づいた部分的なアイデンティティのなかには、ひどく悪用されかねないものもありますが――その最もわかりやすい一例がナショナリズムです――、それ以外は非常に重要です。ほかの市民と何を共有しているのか、それについての一連の物語と理解がなければ、同胞と交流することはできません。意思疎通をはかれずに、物事も決められないのです。アイデンティティそのものが問題なのではありません。正しい種類のアイデンティティが必要で、現代の民主主義国ではそれは、人種や宗教や民族ではなく政治理念を中心に成立していなければならないとわたしは考えているわけです。

最後に、国民国家はそれ以上のものはありえない〝最高〟レベルに位置するのでしょうか。それとも、自由民主主義をより広く捉えることは可能ですか？　仮に可能だとしても、国家を超えたレベルで自由民主主義を実現するのは規範的に望ましいことでしょうか。

実のところそれは、人民主権の根本概念と深く関係しています。イギリスでもアメリカでも、ひとつの国のなかで正統性のある民主的なコミュニティをつくる方法はわかるけれども、それを国際的に実現する方法はわからないという考えがあります。国際機関は個々の国ほど民主的ではありません。国際機関——とくに国連のような多くの非民主的な国によって構成されている機関——に権限を譲りすぎると、意思決定が民主的な正統性をもつものになるかわかりません。これは妥当な批判です。

汎ヨーロッパの民主的アイデンティティをつくる

そこからＥＵの話題につながります。ＥＵは「ヨーロッパへの解決策」として、問題をともに解決してよりよいヨーロッパ社会をつくることを可能にしているのでしょうか。それともＥＵはそうしたプロセスの妨げになっているのですか？　ＥＵとその今後についてどうお考えですか？

ヨーロッパは、ユーロ危機とイギリスのEU離脱というふたつの大きな危機を生きのびてきました。ある意味ではヨーロッパは以前より強くなったといえます。イギリスの例を真似する国があまり出てこなかったからです。現在は、新型コロナウイルスというさらに大きな困難に直面しています。現時点での問題は、こうした危機を招いた根底にある問題の一部をヨーロッパがうまく解決できていないことにあります。財政政策と外交政策では強力な意思決定機構がないのに、特定の分野では一般市民はEUが非常に強力だと感じていて、経済活動を過剰に規制されていらだちを覚えているのです。こうした問題をすべて解消する必要があると思いますし、とくにヨーロッパ全体をどう監督するのかという基本的な問題には解決策が必要です。その取り組みではフランスが主導権を握ろうとしていますが、それがうまくいくかはまだわかりません。

解決が必要な問題の例があれば挙げていただけますか？

政治の単位としてのEUは、非常に深刻な課題をいくつか抱えています。問題は制度の弱さです。ヨーロッパはいま完全に行き詰まっています。財政同盟などの問題を解消するには統一のプロセスを完遂させる必要があるところまできているのに、政治的にはそれがまったく不可能だからです。わたしの考えでは、ユーロは大きなまちがいでした。二〇一〇年のユーロ危機は通貨の崩壊にはつながりませんでしたが、同じことはまたいつでも起こる可能性があります。次はギリシアではなくイタリアをめぐるものかもしれません。シェンゲン協定の体制も機能しません。ヨーロッパと外部との境界線が閉鎖されていないからです。これは将来的にまたヨーロッパを悩ませることになります。いまは移民の流入が落ちついていますが、境界を厳重に管理しなければ、サハラ以南のアフリカと中東から多くの人がヨーロッパへ移住したがるでしょう。それは政治的にもちこたえられない事態です。これは何よりドイツの指導部の失敗で、この話題についてはここでは論じきれません。ただ、あと戻りするのも不可能です。後退も前進もできずに、だましだましやっていくというのが可能性の高いシナリオです。

通貨の問題が非常に厄介だという点については、おそらくだれもが同意するでしょう。国によって経済の状況が異なるからです。しかし、たとえば平和事業としてのヨーロッパなど、ヨーロッパの統一にはほかにも重要と思われる側面があります。これについては意義があるとお考えですか？

ええ、その本来の役目はいまでも重要です。ヨーロッパのどこかひとつの国が望んだとしても、統一ヨーロッパほど世界の勢力バランスに影響を与えることはできません。

連邦制のヨーロッパは可能でしょうか。

望まれるのは、ヨーロッパの諸制度が徐々に民主化していくことと、上から押しつけられたものではないヨーロッパ共通のアイデンティティ意識が高まることです。うまくいけば、時間の経過とともににそれが下から現れるかもしれません。ＥＵはポスト国民の意識を形成しようという大志のもとにつくられました。だれもが自分のことをノルウェー人、ドイツ人、フランス人などではなくヨーロッパ人と見なす意識です。それがすでに実現していたらいいのですが、そうなってはいません。いまも基本的な単位は国民国家のままです。人びとの感じる忠誠心はそこにあって、政治権力もそこにあるからです。より集権化されてひとつの国のように動けるヨーロッパに移行したければ、汎ヨーロッパの民主的アイデンティティをつくる必要がある。けれども、ヨーロッパの状態はそこからかけ離れています。新型コロナウイルス危機によって明らかになったのは、ユーロ危機のときに表面化した南北ヨーロッパの分断がいまなおあるのに加えて、東西ヨーロッパで新たな分断が生まれてそれが広がっていることです。

ＥＵに軍事力あるいは国境を守る力がないかぎり、連邦制にはならない？

連邦制が何を意味するのかによります。アメリカの定義では、つまり個々の加盟国に権力があるという意味なら、ヨーロッパはすでに連邦制です。強力な中央権力があるという意味で連邦制ということばを使っているのなら、ヨーロッパはそういった状態からはかけ離れていて、すぐにそこへたどり着けるとは思えません。加盟国にはそれぞれ軍隊と警察があって、強制力を行使できるのは個々の加盟国だけです。ヨーロッパ軍はありませんし、ヨーロッパ警察もありません。ＥＵは経済の領域で一部、集権化された機能をもつようになりましたが、外交政策、財政政策、市民権に関係する重要な権力はいまも加盟国のもとにあります。

ＥＵの政治構造は、たとえば移民危機などにどれほどうまく対処してきたとお考えですか？

まったくうまく対処できていませんし、だからこそ移民危機によってこうしたポピュリストによる抗議が起こったのです。移民に関していえば、ＥＵの設計における基本的な欠陥は、外部との境界線を守る手段がないことです。ヨーロッパ内で自由に移動できる仕組みがあるのに、そうした外部との境界線を守ることができないのなら、その仕組み全体が機能しなくなります。当然ながらこれは、新型コロナウイルス危機のなかでふたたび注目されるようになりました。多くの国がまず思いついたのが、国境を閉鎖することだったのです。

フクヤマさんが欧州委員会の委員だったらどうしますか？

多くのアメリカ人とはちがって、実のところわたしは、欧州委員会はさまざまな分野ですばらしい仕事をしていると思っています。とりわけ競争政策などです。大手テクノロジー企業の一部を抑えようとするなど、きわめて重要な仕事をしていて、これはアメリカの当局ができていないことです。最も重要な変更は欧州委員会の権限が及ばないところに必要であって、それはＥＵの構造そのものと関係しています。ＥＵの構造の最も強力な部分は、最も非民主的なのです。ＥＵの根本的な問題は、おかしなところで力をふるっていることにあります。経済規制に力をふるって食品ラベルなどの問題で人びとをいらだたせているのに、外交政策などの重要な領域では非常に力が弱く、基本的にどの加盟国でも集団行動に拒否権を行使できる。たとえばＥＵは中国を批判できません。ハンガリーで中国による道路建設事業が進行中で、それに支障が出るのをハンガリーが望まないからです。現時点では欧州委員会自体はそれについて何もできません。活動領域はかなり限られていて、必要なのはＥＵ内でのある種の権力再編です。たとえば、欧州議会が徐々に力を強めていくといったことですね。欧州議会は、ＥＵ内で最も正統性のある機関です。ＥＵのより正統性をもつ部分に向かって長期的にこの種の民主的な移行がなされなければ、ＥＵが適切に権力を行使するのはむずかしくなります。

国際協力によって気候危機を解消する

自由民主主義の課題だけでは足りないとでもいうかのように、最優先で取り組まなければならない気候の課題もあります。二〇二〇年二月にオスロでお目にかかったときには、二〇一九年はじめにお目にかかったときよりも政治論争で気候の問題がはるかに目立つようになっていました。多くの困難を抱えた世界の政治情勢のなかにあって、気候の課題についてはどのようにお考えですか？

この問題については、アメリカよりもヨーロッパのほうがはるかにコンセンサスがあります。残念ながらアメリカの気候政策は、アメリカ社会の根底にある分断の犠牲になっているのです。地球温暖化の基本的な事実について人びとが合意していないのは、わたしに言わせれば信じられない事態です。共和党のかなりの部分が、地球温暖化が起こっていることも、それが人間の活動によって引き起こされていることも信じていなくて、対応策をとる理由がないと考えているのです。これもまた、一部にはインターネットのせいだといえます。地球温暖化を信じない理由を探してインターネットで検索したら、その考えを裏づける何千ものサイトが目にとまるはずです。

ヨーロッパの人たちは、気候分野にもっと取り組まなければと自分たちのことを責めますが、実は政策改革の面では、ヨーロッパは世界で最もうまくやっている部類に入ります。問題は、世界の気候においてヨーロッパはさほど重要ではないことです。これからの二〇年で群を抜いて最大の炭素排出国となるのは発展途上国、とりわけ中国とインドです。

当然ながら気候変動の問題では高い次元の国際協力が必要とされます。それについてコメントしていただけますか?

気候の具体的な問題について知るには、わたしの元同僚でいまはコロンビア大学の地球研究所で教えているスコット・バレットが書いた本をおすすめします。『なぜ協力するのか』(*Why Cooperate?* 未邦訳)という本で、そこでは国際的な共同解決策が求められる問題の例がいくつか挙げられています。ひとつ目が、地球との衝突コース上を猛スピードで飛んでいる小惑星の問題で、これによって人類は滅亡する可能性がある。ふたつ目が世界での疾病予防の問題。そして最後が炭素排出への対処の問題です。バレットはゲーム理論をみごとに使って、こうした問題のなかには比較的容易に解決できるものもあれば、解決がきわめてむずかしいものもあることを示しています。小惑星の問題は最もシンプルに解決できる。その小惑星を軌道から外す技術的な手段さえあれば、ひとつの国がひとつの決定をするだけでいいのです。アメリカか、場合によっては中国かロシアが、国際協定なしで独自に対処できます。

他方で気候はすさまじく困難な問題です。巨額の先行投資が必要で、その利益はほかの国の人たちのものになったり、長い年月を経て、現在の選挙周期のずっとあとになってからようやく目に見えるようになったりするからです。必要なことに取り組むためにさらに強力な行動を結集させるのが非常にむずかしいのも、ひとつにはそれが理由です。真に破滅的な出来事がいろいろと発生しなければ、気候についての行動は起こらないのではないでしょうか。

おそらくカーボン・プライシングについて広範囲にわたる国際協定をつくるのはむずかしいでしょうが、炭素排出を減らすほかの方法はありますか？

ひとつ例があります。インドとバングラデシュを非常に頻繁に訪れているスタンフォードの同僚から聞いた例です。そこでは木炭を燃料とする特定の種類の煉瓦窯が使われていて、それが大量の炭素を排出しています。南アジアではどこでも、泥煉瓦がいちばんの建築資材です。炭素排出量を減らしたければ、それをガスの窯に換えればいい。そうすると三分の二もの排出削減につながります。この研究で目にした数字で印象に残っているのが、南アジアのすべての煉瓦窯から毎年出る炭素の量は、北アメリカで化石燃料によって走る乗り物すべての排出量と同じぐらいだというものです。富裕国の排出基準を気にかけるより、南アジアの窯を切り換えるのに投資するほうが理にかなっているかもしれません。技術がすでにあるからです。しかしそうなると、富裕国は貧困国のそうした装置にたくさんお金を払わなければなりませんが、それを実現するのは政治的に非常に困難です。

排出ゼロ社会を実現するには、成長をやめて資本主義を廃止する必要があるという人もいます。

問題は資本主義ではありませんし、この問題にもっとうまく対処できるほかの経済体制もありません。二年ほど前にオスロ大学のある教授と討論をしたのですが、その研究者は、気候問題への対処の面では中国のほうがはるかにすぐれた国だと主張していました。民主主義諸国で暮らす人たちからは、大きな決定を下せるこの種の強力な権威主義国家を高く評価する声がよく聞かれます。しかし、中国の炭素排出の実績が褒められたものでないのは明らかです。排出の絶対量では数年前にアメリカを抜きました。中国最大の開発事業である一帯一路構想では、発展途上国で二兆ドル規模のインフラ投資が計画されていて、そこではエネルギー事業も大きな位置を占めています。そのエネルギー事業の九〇パーセントが化石燃料に基づいたものです。中国は石炭火力発電所をこれからたくさんつくります。それればかりでなく、そうした発電所を自分たちの都市から遠ざけて、中央アジアに移動させようともしているのです。

経済成長についてはいかがですか？

現代の世界で民主主義を実際に維持するために、成長は重要です。成長がなければ、略奪することによってしか豊かになれません。ゼロ・サム・ゲームで、ほかの人から資源を奪うしかなくなるのです。産業革命以前の世界での暮らしを見たら、基本的には人口の圧倒的多数が生存に必要なレベルをかろうじて超えるていどの生活でした。周期的に飢饉がやってきて、そうした状況のもとで豊かになるには、ほかの人から資源を奪うしかなかったのです。極端に低成長の世界に戻るという考えは、かなり悲惨な結果を招くでしょう。問題は実のところ資本主義ではなく、成長それ自体なのです。

注

1 Fukuyama, *State-Building*, 99.

18 歴史の未来

政治理論への——とりわけ民主主義理論への——フクヤマの重要な貢献のひとつは、彼が二段階の動きをとることにある。昔ながらの自由主義的な契約説を批判し、それに代わるものとして社会生物学に根ざした彼自身の枠組みを提示するのである。フクヤマのアプローチは、近年の人類学の進歩をふまえた人間本性の理論に基づいていて、人間の協力はふたつの基本原理のうえに成り立っていると論じる。血縁淘汰説と互恵的利他主義である。家族内や互いに頼りあう友人間で相手を信頼したり協力したりするときなど、人間が交流するときにはいつもこのふたつの原理が自然と働く。この意味で、これらの原理は「自然な」交流の原理だといえるが、近代国家とは相容れない。近代国家では友人や家族をひいきすることは通常「腐敗」とされ、非人格的な政府を損ねると見なされるからである。この理論が意味するところは重要である。近代国家を確立するには、古い「自然な」社会関係の原理を破壊し、非人格的で「不自然な」国家の統治方法を打ち立てなければならないわけだ。非人格性の規範が守られず、官僚的な手順がつねに遵守されなければ、近代国家はふたたび世襲的になり、腐敗と衰退に陥る。

アメリカとヨーロッパの自由主義の伝統

ヘレナ・ローゼンブラットは『リベラリズム――失われた歴史と現在』という著書で、自由主義と民主主義とのあいだの矛盾と、フランス革命後ほぼ一世紀にわたって存在した緊張関係を非常にうまく説明している。ローゼンブラットはまた、異なる国のさまざまな自由主義の伝統についても説明する。そして、アメリカ人は自由主義を権利として理解していて、義務と共通善のことは「忘れてしまった」と主張する。ローゼンブラットが論じるバンジャマン・コンスタンやジェルメーヌ・ド・スタールといった思想家たちにとって決定的に重要だった要素が、義務と共通善である。

ローゼンブラットは次のように書く。「ほとんどのリベラルは、実は道徳を非常に重視していた（中略）。彼らにとってのリベラリズムは、現代の私たちが耳にするような孤立的（アトミスティック）な個人主義とは無関係であった。権利が俎上にのぼるとき、彼らはそれと併せて必ず義務も強調した。ほとんどのリベラルは人間は義務を有するから
こそ権利も有するのだと信じ、さらには社会正義の問題にも深く関心を抱いていた」[1]。助け合いは文明の鍵だった。互いに自由主義的（リベラル）に振る舞うことが、自由な人

間の道徳的な義務だったのである。そして自由主義的であるということは、共通善に貢献するかたちで「与えそして受け取る」ことを意味した。

さまざまな自由主義の伝統について、どのようにお考えですか？

アメリカにはふたつの競合する伝統があります。ひとつは通常、共和主義的な伝統と呼ばれています。もうひとつはよりロック的な自由主義の伝統です。共和主義的な伝統では、自由は積極的な自治であると考えられています。つまり、自由であるとは市民として自治に参加するということであって、投票するだけでなく、軍隊に加わったり、討論に参加したり、政策を形成したりもするということです。J・G・A・ポーコックは、共和主義の伝統はマキャヴェリの『政略論』に端を発すると論じています。マキャヴェリはこの種の積極的な市民をつくったとして共和制ローマを称賛していて、その伝統が新世界に引き継がれたわけです。[2]

かつてのアメリカ人著述家のなかには、アメリカの共和制をこうしたローマ的な意味で理解している人がいました。政府が人びとを放っておくのが自由ではなく、人びとが政治に積極的に参加するのが自由だという理解です。アレクシ・ド・トクヴィルが自由について語るときに意味しているのがこれです。より高いところにいる人の権威に従うことなく、自治をする人びとの能力、それが自由だということです。アメリカの問題は、国家をある種の必要悪としか考えないロック的な伝統や（より極端なかたちでは）自由至上主義（リバタリアン）の伝統があることです。リプセットによるとこれは、アメリカ建国から生じたものです。アメリカはイギリスの君主制と議会の権威への反乱の結果として建国されたのであって、国家そのものへの不信感がその中心にあります。[3] そこからふたつ目の自由の理解、つまり国家の権威からの単なる自由という理解が生まれたわけです。

ふたつ目の伝統がいまは優勢だとお考えですか？

いまの共和党員は自由をそのように考えています。自由を脅かす可能性があるのは政府だけだと思っているのです。民間企業や社会的圧力のことは気にかけていません。気にかけているのは政府のことで、政府だけがこの世界での専制の源だというわけです。したがって政府を弱体化させたがっていて、税金を払わないといった手段によって政府の資金源を奪おうとしています。

このように自由を理解するのはまちがっているとわたしは思います。実際には国家が必要で、政府が必要で、国家こそがまさに人が市民として活動する場だからです。リバタリアンの伝統では権利しかありません。義務がないのです。国家は人が個人としての生活を送れるようにするだけでいい。どのように生きるかを指図してはいけない。個人の究極の目的に口出しする権限はないといった具合です。アメリカにはこのふたつの伝統が共存してきました。ヨーロッパではおそらく共和主義のほうが顕著に見られます。

ローゼンブラットは、自由主義思想では国家が重要だと論じています。イギリスとドイツのちがいを説明して、ドイツにも自由主義の伝統があり、実のところ前世紀のドイツ自由主義の伝統では国家の役割が強化されたのだけれど、他方で英米の伝統には国家が支配的になりすぎてはいけないという考えがあると言います。

もうひとつ別の自由主義の伝統があって、そこでは自由は法に根ざしています。法が権力の濫用を防ぐので、法は自由の土台であるというのがその考えです。法が権力を規制し、王や行政当局が不正をおこなったり市民の権利を侵害したりするのを防ぐわけです。この自由の解釈も、ヨーロッパの伝統に深く根ざしています。『政治の起源』で論じたことのひとつが、ヨーロッパは異例で、法がほかのすべての制度に先行して存在したということです。ヨーロッパでは近代国家より先に法があって、当然ながら民主主義より先に法があった。これがヨーロッパの重要な強みだったとわたしは考えています。民主主義が成立したあとにこの種の法の支配を発達させるのは非常にむずかしいからです。

新型コロナウイルスのパンデミックのあと、国家の働きについての問いがさらに重視されるようになりました。新型コロナウイルス流行のかなり早い時期に、フクヤマさんは「コロナウイルスへの国の抵抗力を決めるもの」(“The Thing That Determines a Country’s Resistance to the Coronavirus”)という論文を書いています。何がそれを決めるのですか?

この危機に最もうまく対処している国は、第一に国家の能力がすぐれているところ、つまり大量の病人を扱える公衆衛生のインフラ、人員、施設があるところで、第二に国の指導部への信頼が広く浸透しているところです。この信頼は部分的には国家の能力のうえに成り立っていますが、指導部が誠実で、なんらかの公共の利益を広く追求していると市民が感じていることによっても支えられていま す。信頼は正統性を超えたものです。正統性があっても信頼されていない政府もあるわけです。信頼は能力、そして目的と強く結びついています。

先に新自由主義について語りました。古典的な自由主義とのちがいは何ですか？

新自由主義はある意味、アメリカの発明品です。アメリカには非常に反国家統制主義的な政治文化があって、古典的な自由主義者のほとんどはそうした政治文化を信じていなかったからです。古典的な自由主義者は、財産権や個人の自由などの制度面での土台を提供するために国家が必要だとずっと理解していました。いまは時代に合わせて変わってきていますが、それは新自由主義を斥けているのであって、かつての自由主義の伝統を斥けているわけではありません。

わたしはノルウェー人で、自分のことをヨーロッパ的な意味での自由主義者だと考えています。フクヤマさんは古典的な自由主義者ですか？

むずかしい質問です。わたしは確実に左派にかなり近づきました。現時点では、文化の領域でわたしが好む考えはかなり保守的ですが、経済政策では左派にずいぶん近づいています。三〇年前には見られなかったかたちで、格差が問題になっていると思うからです。自由主義は好きなことをなんでもできるということではありません。責任もあって、新自由主義ではその責任の部分が忘れられていることが多いのです。

近代国家を成立させるのは今後もつねに苦しい闘いになる

近代以前の国家では、政治権力は家族のネットワークと相互利益をもつ人間関係のネットワークのうえに成立していて、政治的忠誠と引き替えに資源が与えられる環境のもとに成り立っていた。法の支配に基づいた近代国家では、官僚と政治家は家族関係や親しい人間関係とは無関係に選ばれる。また、官僚や政治家の権力の行使は制約され、政府の職や公職に就いている人へ特定の利益を提供することによってそれが左右されることはない。

人間には家族やつながりのある人を自然に選ぶ傾向がつねにあるので、近代国家を成立させるのには苦戦するのでしょうか?

ええ、わたしが『政治の起源』と『政治の衰退』で論じたのは基本的にそのことです。ある意味では、近代国家の存在は自然ではありません。長いあいだ平和と繁栄がつづいてエリートが豊かになると、そのエリートたちが権力を使って体制を腐敗させようとします。近年起こっているのがこれだと思います。

論文「歴史の終わり？」の最終部分で、ニーチェと彼の主張を使ってそれをまとめています。ニーチェは「胸郭のない人間」が近代の世界を象徴していて、近代は「非常に悲しい時代」になると言う。そこでは自由民主主義の獲得へと向かう途上での英雄的な奮闘が、「技術的な問題や環境問題を延々と解決し、消費者のより高度な要求を満たすこと」[4]に道を譲る。わたしたちは、こういった道へと向かっているのでしょうか。

そのくだりが何について述べているのかを考える必要があります。いま人びとがもっぱら関心を向けていることのかなりの部分が、そこにまとめられています。大きな地平と、より劇的な変化の可能性が存在しないと感じている。そのために人びとはげんなりしているのです。これは奇妙なことでもあります。望んでいたものをある意味では手に入れたのに、それでは足りないわけです。

いまでも歴史の終わりは人を怠惰に、さらには無関心にさせるとお考えですか？　あるいは、人間の基本的な欲求として、さらに何かをしようという気になるのでしょうか。いまは自由民主主義への熱意が失われていると考えていますか？

比較的平和で繁栄した時代が数十年つづいたあと、いまは多くの人が自由民主主義を自明のものとしています。実質的な平等やよりよい社会的結果を求め、また自分自身と自分が所属する特定集団の苦しみの承認を求めているのです。従来の中道左派および中道右派政党に代表されるかつてのエリートたちは、権力の座にとどまるためにさまざまな妥協をしていて、多くの有権者の目には真の選択肢を提供していないように映っています。東欧――たとえばポーランド――では、いまは共産主義のもとで暮らした経験を記憶している市民はほとんどいませんし、したがって権威主義政府に本能的な嫌悪感を抱いている人もほとんどいません。これは驚くべきことです。

他方で、右派のポピュリストが台頭したことで、基本的な制度の価値をあらためて認識した人たちもいます。アメリカの抑制と均衡（チェック・アンド・バランス）の制度は、トランプが司法の独立や議会による監視といった原則を深刻に脅かすようになるまで、多くの人が当たり前だと思っていました。

無関心が原因で、わたしたちは自由民主主義のために立ちあがろうとしなくなるのでしょうか。

「わたしたち」がだれかによります。「わたしたち」がトランプ政権下の現在のアメリカのことなら、問題は無関心ではなく、民主主義から故意に離れようとしていることにあります。トランプ政権は、この一〇〇年で初めて登場した、全世界における民主主義の価値に口先ですら敬意を払おうとしない政権です。現在のアメリカは、自由主義の原則を平気で踏みにじってきたオルバーン・ヴィクトルやアブドルファッターフ・アッ＝シーシといった権威主義的な指導者を批判せず、それどころかしばしば称賛しています。いまはパンデミックのもとで自分たちの生き残りに必死になっていて、他国での民主主義の衰退には注意を払っていません。

「わたしたち」が、古くからある既成の中道政党と有権者のことなら、おっしゃる通り、当初はポピュリストの脅威の高まりを真剣に受けとめない一定の無関心がありました。いずれにせよ、パンデミックは自由主義者にとって望ましく、ポピュリストには望ましくないのかもしれません。よい仕事をした結果、アンゲラ・メルケルやジャシンダ・アーダーンのような指導者の支持率が上がり、トランプ、ボルソナーロ、ロペス・オブラドールら悪い指導者は逆風に晒されています。不況が長引くと、この状況は変わるかもしれませんが、いまのところ希望があります。

見識のある者が権力を行使するエピストクラシーを擁護する人もいます。魅力的な考えのようにも思えるかもしれませんが、効率性は提供するけれども尊敬は提供しないテクノクラシーへと導かれていきかねません。エピストクラシーについてはどうお考えですか？

どの政府も技術面での助言が必要ですが、技術官僚（テクノクラート）に支配をさせるべきではありません。技術官僚は自分たちのなかに深く埋めこまれた一定の想定に基づいて世界を見ていて、それはおおいにまちがっていることも多いのです。一九九〇年代と二〇〇〇年代はじめにアメリカとヨーロッパの経済を動かしていた技術官僚の多くは、グローバリゼーションの恩恵についてあまりにも単純な考えを受け入れていて、経済を中国との競争下に置くことの社会的、政治的な影響を正しく認識していませんでした。この時期に銀行の規制を緩和することで、金融市場が不安定になることを理解していなかったのです。さらに、ヨーロッパ内での労働力の移動と、ヨーロッパの外との境界線を守れないシェンゲン体制によって政治が不安定になり、巨大な反動を呼びかねないこともわかっていませんでした。

かといって、技術官僚を退けて、おもに与党や大統領への忠誠によって結びついた政治的な仲間集団をそのあとに据えると、大惨事につながります。トランプは本職の専門家を経験不足の側近たちとすげかえることで、アメリカの官僚制を空洞化させてきました。マイケル・ルイスの『第五のリスク』(*Fifth Risk.* 未邦訳)は、アメリカ政府のあらゆるところで、すぐれた業績をもつ多数の公務員の仕事をまったく無能な者たちが引き継いだり、政府の仕事への尊敬を欠いているためにそもそもだれも引き継がなかったりしたことを痛々しいほど克明に描いています。弾劾裁判で無罪になったあと、トランプはウクライナとの彼の取り引きについて正直に証言した専門職員をすべて粛清しました。与党が官僚機構と司法を完全に政治化したハンガリーやポーランドでも、同じようなことが起こっています。

ウクライナ――希望ののろし

フクヤマさんはウクライナを何度も訪れていて、そこで民主主義を推進するプログラムを主宰しています。それはうまくいっていますか?　なぜその仕事をウクライナでするのが重要だと考えているのでしょうか。

ウクライナは大きく、重要な国で、収奪政治と権威主義政府がロシア的に混ざり合った状態から脱却しようとしています。二〇一四年以降、大きな進歩を遂げているのですが、多くの人はそれに気づいていません。ウクライナは、権威主義の拡大との戦いにおける最も重要な前線国です。ウクライナが独立と民主主義を維持して、自国の腐敗の問題に対処するのに成功しなければ、旧ソ連のどの国も成功できないでしょう。だからこそわたしはこの数年間、ウクライナで多くの時間を過ごしてきたのです。

いまの時点では、現地の状況はあまりかんばしくありません。ウクライナでは二〇一九年に新大統領のウォロディミル・ゼレンスキーが選出されました。新議会の議員は七〇パーセントがそれまで政界で働いたことのない人で、その多くが若者です。旧い政治エリートを一掃したかのように思われました。けれども二〇二〇年に明らかになったのですが、ウクライナの新興財閥(オリガルヒ)は権力をほとんど保ったままで、引きつづき舞台裏で政策を形成しています。

指導者養成プログラムを後援し、民主的な政府がいかに働くのか、彼らがいかに政策改革を実現する手助けができるのかを多くのウクライナの若い人たちに教えることで、変化をもたらすことができるというのがわたしの考えです。より大きな政治情勢がどうあれ、ウクライナを訪れると楽観的になって帰ってきます。そうした指導者養成プログラムで教えているのですが、そこには多くの若いウクライナ人が参加しています。三〇代や四〇代の比較的若い人がたくさんいるのです。ソ連のもとでは育っていない人たちで、ウクライナがヨーロッパの一国であってほしいと強く望む人たちです。

ロシアはウクライナが自由と民主主義を求めて闘っていることをよく思っていない？

ロシアはクリミアとドンバスを奪いました。ウクライナの民主主義を揺るがすために、できることはなんでもしています。問題はそれだけではありません。プーチンは、ウクライナには独立した国として存在する権利がないと考えているのです。

クリミアの併合とドンバスへの侵攻は、国際的な規範にひどく抵触する行動ではありますが、逆説的にウクライナ人のナショナル・アイデンティティにとってはいいことだったとわたしは考えています。

最終的にこの問題を解決するのはウクライナの人びとだと思っていますし、実際にウクライナの人びとがそれをやがて解決するであろうと、あるていどの確信をもっています。

一九八九年の精神

自由民主主義についての長い対話も終わりが近づいてきました。一九八九年の精神はいまも生きていると思いますか？

ええ、世界はそれほど暗澹たる状況ではないのかもしれません。一九八九年の精神、独裁制に対するこの反乱の精神は、現在の世界でもまだ確実に生きていると思いますし、この数年だけでも、多くの国で市民社会が独裁政権に抵抗するのを目にしてきました。ウクライナで、ジョージアで、アルメニアで、エチオピアで、スーダンで、アルジェリアで、人びとは抗議しています。ベネズエラのマドゥロ政権への反対運動もその一例ですし、ビルマの軍事支配からの移行も同様です。やはり人びとは権威主義政府のもとで暮らしたくはないのです。問題は独裁制からの移行です。多くの場合、明らかに嫌われている権威主義国家のあとにどのような政府をつくるべきかには合意がなく、民主的なガバナンスという課題にうまく対応できていません。腐敗の蔓延の問題に対処しているこれら多くの国にとって、この移行が障害になっているのです。けれども、精神はいまも生きていると思います。

自由で公平な選挙での投票がやはり最初の段階になるのでしょうか。

国によります。独裁国家では多くの場合、人びとが結集して大勢の人が街頭に出て、政権の正統性に異議を申し立てるデモをする必要があります。最初の選挙にたどり着くのが第一段階ですが、非常に多くの国で見られたように、選挙結果を恒久的な民主主義に移し替えるには、さまざまな制度をつくらなければなりません。それに、民主主義はいつでもあと戻りする可能性があります。

運よく民主主義国で暮らしていたら、ポピュリズムやさまざまな反民主主義勢力を打ち負かす方法は選挙で勝つことです。どうすればポピュリズムの台頭を防ぐことができるのかと、ほかの国でよくたずねられますが、答えは非常にシンプルです。投票することです。わたしたちの民主主義では、政治権力はいまも投票する人たちのもとにあります。自由主義的でひらかれた民主的秩序を支持したい人を結集させること、その人たちを選挙に行かせて政党を支えさせること、この種の自由民主主義をもつことが重要である理由をことばにして人びとに伝えられる指導者を得ること、これらができるかどうかにかかっているのです。これは、高齢者ほどには投票に行かない傾向にある若者たちをとくに結集させる必要があるということです。政策についてよく考え、反対者の意見を聞くということでもあります。反対者も一定のことがらでは正しいときがあるからです。反対者のことを単に人種主義者や外国人嫌いと見なしていたら、一般市民がもっともな理由で不満を覚えている物事についてのシグナルを受けとることができなくなるかもしれません。

ドナルド・トランプのような指導者をフクヤマさんが好きでないのはよくわかります。尊敬できる指導者を挙げていただくことはできますか？　人びとへのアピールと自由主義秩序の維持をうまく組み合わせた指導者です。

残念ながら、ひとりも思い浮かばないと言わざるを得ません。不幸なことに、煽動政治家でいるほうがよほど簡単だからです。人びとの不安を煽り、コミュニティとアイデンティティを探し求める人びとが感じている不公平に根ざしたその種の感情を掻き立てるほうがはるかに簡単で、多様性があってほかの視点を尊重する民主的コミュニティのなかで人びとをひとつにしたいと実際に望む政治家を見つけるほうがむずかしい。でもまだ希望は捨てていませんし、これは人類史の次の三〇年に課題として残ります。

最後に、この三〇年間で歴史の終わりについて考えなおしたおもな点は何ですか?

政治の面では、二〇〇〇年代はじめに非常に大きな失敗がふたつあったと思っています。ひとつがイラク戦争、もうひとつが金融危機、世界金融危機で、どちらも特定の保守的な思想の産物であり、根底にあるこうした思想の論理について再考を強いられました。それに、その時期に拡大した格差は、二〇一〇年代に入るときには、はるかに顕著な問題になっていました。

それがわたしの政治的な立場が変化したおもな理由ですが、ほかにも発展途上国とその制度を研究したことも挙げられます。『歴史の終わり』では近代国家の重要性はさほど意識していませんでした。あの本ではそれについては語っていません。いまは、近代国家の必要性をはるかにはっきりと理解しています。政治の衰退という考え自体、最初の本である『歴史の終わり』には含まれていませんが、いまはアメリカとヨーロッパで非常に大きな問題になっているように思われます。

この三〇年間で格差が劇的に拡大したことを考えると——この格差は現在のパンデミックでくっきりと浮き彫りになっています——、一般市民を社会的によりよく保護する政策を支持しない理由は考えられません。この問題についてわたしの考えが変わったとは思いません。世界が変わったのです。

ただ、三〇年を経ても変わらない大きな領域もいくつかあります。ご承知の通り、わたしは『歴史の終わり』でアイデンティティの問題を提起していて、このテーマは最初からずっとそこにあったのです。

注

1 Rosenblatt, *Lost History of Liberalism*, 4.（ローゼンブラット『リベラリズム』、一二〜一三頁）
2 Pocock, *Machiavellian Moment*.（ポーコック『マキァヴェリアン・モーメント』）
3 Lipset, *American Exceptionalism*.（リプセット『アメリカ例外論』）
4 Fukuyama, "End of History?," 18.

むすびにかえて

本書の執筆をはじめたとき、一九八九年の精神はトランプとポピュリズムによって危機に晒されていると考えていたが、その後、二〇二〇年三月になり新型コロナウイルスがやってきて、やがてそれが世界中に広がった。二〇二〇年は転換点の年として振り返られるにちがいないが、これからの一〇年を楽観視できるかはわからない。

わたしにとって最悪の事態は、自由民主主義がいかに機能するのかについての意見の相違ではない。政治がより権威主義的でポピュリスト的で不自由なほうへと向かうなかで、自由民主主義をめぐる論争、批判、擁護がなされないことである。

わたしたちはつねに、官僚機構と国家の諸制度の、与えられた課題を解決する能力に注意を払う必要がある。次に、紛争解決のための制度と実践を確保しなければならない。わたしたちの社会のひらかれた、参加型の、透明で、自由な側面を維持しなければならない——すべての人が包摂され尊重されるようにする必要がある。民主主義は学習能力のある唯一の政治体制であり、対立し異なる関心に耳が傾けられる唯一の体制である。民主主義諸国では話し合いが可能であり、議論が考慮に入れられて、マイノリティも影響力をもつことができるか、少なくとも保護されうる。自由民主主義は自由と多様性を確保する。三〇年前にフクヤマはこう書いている。「民族が機能するためには、民主主義諸国の市民たちはこれらの価値が本質的には手段であるということを忘れ、自分たちの政治体制や生き方に対して、ある種の非合理的な「気概〔テューモス〕」にもとづいた誇りを育てなければならない」[1]。フクヤマのすべての著作から、ひとつだけ心にとめておくべきことがあるとするなら、それは次のようになるにちがいない。この先の数十年がすべての人にとってよりよくなるように、わたしたちは自由民主主義を守り擁護しなければならない。

二〇二〇年十二月三十一日、ノルウェーのオスロにて

マチルデ・ファスティング

注

1 Fukuyama, *End of History*, 215.（フクヤマ『歴史の終わり』下巻、七五頁）

謝辞

まず何より、多くの時間を割いて話をしてくれ、また重要な初回のインタビューのためにスタンフォードを訪れたいというわたしの申し出を受け入れてくれたフランシス・フクヤマに感謝したい。友人たちからはフランクと呼ばれている彼と知り合うことができたこと、世界が新型コロナウイルスに襲われてすべての移動が禁じられる直前の二〇二〇年二月、オスロ滞在中の彼とさらに話ができたことは光栄だ。また有益なコメントと解説によって編集プロセスに協力してくださったことにも感謝している。

次にジョージタウン大学出版局と、とりわけ局長のアル・バートランドに感謝したい。彼のコメントと提案には励まされ、また編集の過程で受けた支援はとりわけ有益で、原稿が時代を超えて読まれるのと同時に今日的なものにもなるようにしてもらった。編集は新型コロナウイルスのパンデミック第一波のあいだにおこなわれ、ノルウェーもアメリカもロックダウン状態にあった。パンデミックを原稿に組みこむのは困難な作業だったと認めなければならないが、その結果が満足いただけるものになっているとうれしい。ベルリンの壁崩壊を予言するのは困難だったが、このパンデミックによって世界が麻痺するのを予見するのは、おそらくさらにむずかしかった。

この出版計画の出発点は、ノルウェー語で刊行された短い本だった。ノルウェー語のわたしのオリジナル原稿と、二〇一九年のスタンフォード大学でのインタビューをもとに構成したものだ。その本を担当したドライヤー社のノルウェー人編集者エドヴァルド・トールップには、フクヤマと連絡をとってインタビューするようすすめてくれたことを感謝したい。『アメリカン・パーパス』誌の編集長で最高責任者のジェフ・ゲドミンには特別に感謝している。ベルリンの壁崩壊三〇周年インタビューのタイトル「歴史の未来」を使わせてくれて、この出版計画の意義を信じてくれた。

フランクの仲のいい友人、ダン・バニク教授は、二〇一八年二月にオスロでフクヤマを招いてひらかれた内輪の講演と少人数の夕食会に招待してくれ、二〇二〇年にフクヤマがオスロに滞在していたときもさまざまな場に誘ってくれた。オーレ・エギル・アンドレアセンは、アイデア、支援、有益な人脈を提供してくれた。ふたりにはとりわけ感謝している。インタビューでの質問項目と、のちに本書の草稿に注意深く目を通してくれたハルワルド・サンヴェンにもお礼を言いたい。トールビョルン・リンドストローム・クヌッセンは有益なコメントと支援を提供してくれ、ヘレナ・ローゼンブラットは原稿にコメントをくれて古典的自由主義に着目するきっかけを与えてくれた。ブランコ・ミラノヴィッチにもお礼を言いたい。冷戦終結は彼の母国であるセルビアとユーゴスラヴィアでは幸福なときではなかったのだと思いださせてくれ、経済史と制度についての彼の見解について時間をかけて説明し解説してくれた。

最後に娘のアグネス、息子のペダー、夫のラースにはずっと支えてもらっている。ありがとう。

訳者あとがき

フランシス・フクヤマほどよく名を知られた現代の政治思想家は少ない。人文社会科学の論文や書籍で冷戦終結に触れられる際には、フクヤマの著書『歴史の終わり』(一九九二年)あるいは論文「歴史の終わり?」(一九八九年)が必ずといっていいほど参照される。「歴史の終わり」といえばフクヤマであり、フクヤマといえば「歴史の終わり」である。共産主義の崩壊による自由民主主義の勝利を宣言した人物としてフクヤマは広く理解されている。

一方で、これだけよく知られているにもかかわらず――あるいはよく知られているからこそ――、フクヤマほど著書を読まれていない思想家もあまりいない。「フクヤマ」あるいは「歴史の終わり」は冷戦終結と自由民主主義の勝利の同義語として便利に使われるだけであり、そのあとはたいてい一蹴されるか話題がほかに移る。また、戦争、テロ、経済危機などが起こるたびに、「歴史は終わっていなかった」として批判され、「歴史の終わりの終わり」や「フクヤマの終わり」が喧伝される。

そもそも歴史の終わりとは何か。フクヤマ自身はそれをどのように理解していたのか。何を根拠に自由民主主義が歴史の終わりだと論じていたのか。そうしたことについては、ほとんど正当に理解されてこなかったといっていい。フクヤマは三〇年以上にわたって第一線で研究と発言をつづけてきた。

それは『歴史の終わり』での主張とどう関係しているのか。フクヤマの思考の枠組みは、いまの世界を理解するのにどれほど役に立つのだろうか。

こうした疑問に真正面から取り組もうとするのが本書にほかならない。出発点にあるのは、自由民主主義の価値がいま根本から脅かされているという危機感である。「ベルリンの壁崩壊から三〇年以上を経た二〇二一年に、民主主義とその根底にある価値観を擁護しなければならなくなるとは思っていなかった」――編者でインタビュアーのマチルデ・ファスティングは冒頭でそう吐露する。権威主義的な国家が世界各地で存在感を強めていて、アメリカなど自由民主主義の本丸と見なされる国の内部でもポピュリズムが台頭し自由主義的な制度が掘り崩されている。自由民主主義の代表的擁護者、フランシス・フクヤマはいまの状況をどう見ているのか。歴史は終わっていなかったのか。そもそも、「おそらく最も誤解されてきた一冊」である『歴史の終わり』でフクヤマは何を論じていたのか。

フクヤマは、共産主義の崩壊と冷戦の終結によって自由民主主義が実際に普遍的な思想として受け入れられたと論じていたのではない。また紛争や対立がなくなると主張していたわけでももちろんない。自由民主主義は人間の歴史をこれまで動かしてきた矛盾を理念上解消できる体制であり、それを目的地（end）として目指すのが規範的に望ましいというのがフクヤマの主張だった。

では、歴史を動かしてきた矛盾とは何か。ひとことでいえば、「承認をめぐる闘争」であり、それが『歴史の終わり』の核にある概念にほかならない。人間はそもそも他者からの承認を求める動物である――ほかの人間から、ほかよりもすぐれた者として、またほかと平等な存在として認められることを求める。プラトンのことばを借りて「テューモス」とフクヤマが呼ぶのが、人間が根源的にもつこの情念である。そしてフクヤマは、アレクサンドル・コジェーヴ経由でヘーゲル『精神現象学』の奴隷と主人の弁証法を受容し、このテューモスを満たそうとする衝動が人類の歴史を動かしてきたのだと論じる。奴隷と主人に人間が分かれている体制のもとでは、どちらの承認欲求も満たされない。奴隷はそもそも人間として認められておらず、主人は人間とは見なされない奴隷からしか承認を受けられないからである。

フクヤマの考えでは、自由民主主義によってこの矛盾は原理上、解消された。自由民主主義国では、法のもとですべての人間があまねく平等に承認され、また個人がさまざまな領域で自由に活動することによって、優越願望もあるていど満たされるからである。

ようするにフクヤマは、承認を人間の根本的なニーズと見なし、そのニーズをほかよりもよく満たせるという理由で自由民主主義を擁護していたのである。したがって、いくら経済的に成功を収める権威主義国家が登場しても、それが自由民主主義国の代わりになるとは考えない。「いまのところ、民主主義諸国と同じだけ承認欲求を満たせる独裁政権は存在しません。それが登場するまで、この点についてのわたしのテーゼは覆されません」。

本書を読めばわかるように、人間と政治についてのこの理解は、フクヤマのその後の仕事にもほぼ一貫して反映されている。たとえば大著『政治の起源』（二〇一一年）と『政治の衰退』（二〇一四年）では、自由民主主義の構成要素である有能な国家、法の支配、説明責任の重要性を強調し、そうした諸制度が歴史の過程でいかに形成されてきたのか、またいかに衰退しうるのかを検討している。また『ＩＤＥＮＴＩＴＹ』（二〇一八年）では承認の政治の論点を振り返り、近年、政治の軸が経済からアイデンティティへと移行したと論じて、右派のポピュリズムと左派のアイデンティティの政治を批判し、ナショナル・アイデンティティによる国民統合の必要性を説く。

さらに、さまざまな著作で合理的な個人を前提とする近代経済学や、ホッブズやロックらの契約説を批判し、承認欲求に動かされた社会的な人間を出発点に据える。そして、新自由主義の主張する国家からの自由（アイザイア・バーリンのいう「消極的自由」）を斥けて、共和主義的な自治としての自由（「積極的自由」）を強調する。そしてこうした視点に立脚しながら、トランプ現象などポピュリズムの盛りあがり、格差の拡大、ＳＮＳの弊害、中国をはじめとする権威主義国家の台頭、新型コロナウイルスへの対応といった現代の問題について論じていき、自由民主主義国家とその諸制度をあらためて擁護する。ここからは、「（元）新保守主義者（ネオコン）」といった紋切り型のレッテル貼りではとらえられないフクヤマとその自由主義のニュアンスが浮かびあがってくる。

当然ながら、正当に理解されたうえでも、フクヤマの議論にはさまざまな疑問や批判が投げかけられるだろう。たとえば、本質主義的な人間理解と、国民国家を単位とするナショナル・アイデンティティを前提とした承認論は、意味と言語を前提とした人間理解をとり、意味を分かちあう解釈共同体を単位として承認の政治を考えるチャールズ・テイラーなどの立場から見ると、ややナイーヴで普遍主義的にすぎると感じられるにちがいない。

とはいえ、批判するにせよ受容するにせよ、その第一歩はフクヤマ自身の声に耳を傾け、誤解と無理解から抜け出すことにある。フクヤマのこれまでの仕事を網羅的に取りあげ、対話というきわめて平易な形式で読者に提示する本書は、フクヤマの思想への恰好の入門書だといえる。ファスティングはフクヤマのすべての仕事に通底するメッセージとして、最後にこうまとめている。「この先の数十年がすべての人にとってよりよくなるように、わたしたちは自由民主主義を守り擁護しなければならない」。おそらく、いまほどこれが切迫感をともなって響く時代はない。

本書の訳出にあたっては、吉田大作氏、郡司典夫氏をはじめとする中央公論新社のみなさまにたいへんお世話になった。多くのご指摘をいただき、完成度を高めてくださったことに深く感謝もうしあげる。また、仲介の労をとってくださった日本ユニ・エージェンシーのみなさまにもお礼をもうしあげたい。

山田　文

二〇二二年三月

白水社、2020 年）

- Sachs, Jeffrey. *The End of Poverty: Economic Possibilities for Our Time*. New York: Penguin, 2005.（ジェフリー・サックス『貧困の終焉——2025 年までに世界を変える』鈴木主税、野中邦子訳、ハヤカワ文庫、2014 年）
- Sagar, Paul. "The Last Hollow Laugh." *Aeon*, March 21, 2017. https://aeon.co/essays/was-francis-fukuyama-the-first-man-to-see-trump-coming.
- Sloterdijk, Peter. *Rage and Time: A Psychopolitical Investigation*. New York: Columbia University Press, 2010.
- Smith, Adam. *The Theory of Moral Sentiments*. Indianapolis: Liberty Classics, 1982.（アダム・スミス『道徳感情論』村井章子、北川知子訳、日経ＢＰ社、2014 年）
- Stitt, Ross. "The Rise of the Ungovernable." *Quilette*, March 1, 2019.
- Tilly, Charles. *Coercion, Capital, and European States*. Cambridge, MA: Blackwell, 1990.
- Tooze, Adam. "Democracy and Its Discontents." *New York Review of Books*, May 2019. https://www.nybooks.com/articles/2019/06/06/democracy-and-its-discontents/.
- Williams, Howard, David Sullivan, and Gwynn Matthews. *Francis Fukuyama and the End of History*. Cardiff: University of Wales Press, 1997.
- Withers, Matt. "Francis Fukuyama and Kwame Anthony Appiah Take on Identity Politics." *The Economist*, August 25, 2018. https://www.economist.com/books-and-arts/2018/08/23/francis-fukuyama-and-kwame-anthony-appiah-take-on-identity-politics.
- Yang, Chan-young. "Revisiting Fukuyama: The End of History and the Clash of Civilizations, and the Age of Empire." PhD thesis, Wesleyan University, Middletown, Connecticut, April 2010.
- Zakaria, Fareed. "I Wanted to Understand Europe's Populism. So I Talked to Bono." *Washington Post*, September 20, 2018.

公共財と集団理論』新装版、依田博、森脇俊雅訳、ミネルヴァ書房、1996年）

▶ Philippon, Thomas. *The Great Reversal: How America Gave Up on Free Markets*. Boston: Harvard University Press, 2019.

▶ Piketty, Thomas. "Brahmin Left vs Merchant Right: Rising Inequality & the Changing Structure of Political Conflict (Evidence from France, Britain and the US, 1948–2017." World Inequality Data-base, Working paper, no. 7 (2018): 1–180. http://piketty.pse.ens.fr/files/Piketty2018.pdf.

▶ Pocock, J.G.A. *The Machiavellian Moment*. Princeton, NJ: Princeton University Press, 1975.（J・G・A・ポーコック『マキァヴェリアン・モーメント――フィレンツェの政治思想と大西洋圏の共和主義の伝統』田中秀夫、奥田敬、森岡邦泰訳、名古屋大学出版会、2008年）

▶ Pritchett, Lant, and Michael Woolcock. "Solutions When the Solution Is the Problem: Arraying the Disarraying in Development." Working paper No. 10 (Washington, DC, Centre for Global Development, 2002). https://www.cgdev.org/publication/solutions-when-solution-problem-arraying-disarray-development-working-paper-10.

▶ Przeworski, Adam, and Fernando Limongi. "Modernization: Theories and Facts." *World Politics*, 49, no. 2 (January 1997): 155–83.

▶ Putnam, Robert. *Bowling Alone: The Collapse and Revival of American Community*. New York: Simon and Schuster, 2000.（ロバート・D・パットナム『孤独なボウリング――米国コミュニティの崩壊と再生』柴内康文訳、柏書房、2006年）

▶ Rawls, John. *Political Liberalism*. New York: Columbia University Press, 1993.（ジョン・ロールズ『政治的リベラリズム　増補版』神島裕子、福間聡訳、筑摩書房、2022年）

▶ Rosenblatt, Helena. *The Lost History of Liberalism: From Ancient Rome to the Twenty-First Century*. Princeton, NJ: Princeton University Press, 2018.（ヘレナ・ローゼンブラット『リベラリズム――失われた歴史と現在』三牧聖子、川上洋平訳、青土社、2020年）

▶ Runciman, David. "Fukuyama on History." *Talking Politics–History of Ideas*, May 25, 2020. Podcast, 47:00. https://soundcloud.com/kuhakumarx/fukuyama-on-history.

▶ ――. *How Democracy Ends*. London: Profile Books, 2018.（デイヴィッド・ランシマン『民主主義の壊れ方――クーデタ・大惨事・テクノロジー』若林茂樹訳、

▶ ———. *Bourgeois Ethics: Ethics for an Age of Commerce*. Chicago: University of Chicago Press, 2006.

▶ ———. *How to Be Human—Though an Economist*. Ann Arbor: University of Michigan Press, 2000.

▶ ———. *Why Liberalism Works: How True Liberal Values Produce a Freer, More Equal, Prosperous World for All*. New Haven, CT: Yale University Press, 2019.

▶ Menand, Louis. "Francis Fukuyama Postpones the End of History." *New Yorker*, September 3, 2018.

▶ Milanović, Branko. *Capitalism Alone: The Future of the System That Rules the World*. Boston: Harvard University Press, 2019.（ブランコ・ミラノヴィッチ『資本主義だけ残った――世界を制するシステムの未来』西川美樹訳、みすず書房、2021年）

▶ ———. "Francis Fukuyama against Mainstream Economics." *globalinequality* (blog), March 29, 2019. http://glineq.blogspot.com/2019/03/francis-fukuyama-against-mainstream.html.

▶ ———. "A Grand Fresco: The Origins of Political Order." *globalinequality* (blog), March 25, 2019. http://glineq.blogspot.com/2019/03/a-grand-fresco-origins-of-political.html.

▶ Mounk, Yascha, "The End of History Revisited." *Journal of Democracy* 31, no. 1 (January 2020): 25–35.

▶ North, Douglass. *Institutions, Institutional Change and Economic Performance*. New York: Cambridge University Press, 1990.（ダグラス・C・ノース『制度・制度変化・経済成果』竹下公視訳、晃洋書房、1994年）

▶ North, Douglass C., John Joseph Wallis, and Barry R. Weingast. *Violence and Social Orders: A Conceptual Framework for Interpreting Recorded Human History*. New York: Cambridge University Press, 2009.（ダグラス・C・ノース、ジョン・ジョセフ・ウォリス、バリー・R・ワインガスト『暴力と社会秩序――制度の歴史学のために』杉之原真子訳、ＮＴＴ出版、2017年）

▶ North, Douglass C., and Barry R. Weingast. "Constitutions and Commitment: The Evolution of Institutions Governing Public Choice in Seventeenth-C." *Journal of Economic History* 49, no. 4 (December 1989): 803–32.

▶ Olson, Mancur. *The Logic of Collective Action: Public Goods and the Theory of Groups*. Boston: Harvard University Press, 1965.（マンサー・オルソン『集合行為論――

Penguin, 2019.（イワン・クラステフ、スティーヴン・ホームズ『模倣の罠――自由主義の没落』立石洋子訳、中央公論新社、2021 年）

▶ Huntington, Samuel P. *Political Order in Changing Societies*. New Haven, CT: Yale University Press, 1968.（サミュエル・ハンチントン『変革期社会の政治秩序』上下巻、内山秀夫訳、サイマル出版会、1972 年）

▶ ――. *The Third Wave: Democratization in the Late Twentieth Century*. Norman: University of Oklahoma Press, 1991.（S・P・ハンチントン『第三の波――20 世紀後半の民主化』坪郷實、中道寿一、藪野祐三訳、三嶺書房、1995 年）

▶ Klein, Ezra. "Francis Fukuyama's Case against Identity Politics." *The Ezra Klein Show* (podcast), September 27, 2018. https://www.youtube.com/watch?v=F7D_mF_siSk.

▶ Krastev, Ivan. *After Europe*. Philadelphia: University of Pennsylvania Press, 2017.（イワン・クラステフ『アフター・ヨーロッパ――ポピュリズムという妖怪にどう向きあうか』庄司克宏監訳、岩波書店、2018 年）

▶ Levitsky, Steven, and Daniel Ziblatt. *How Democracies Die: What History Reveals about Our Future*. New York: Crown, 2018.（スティーブン・レビツキー、ダニエル・ジブラット『民主主義の死に方――二極化する政治が招く独裁への道』濱野大道訳、新潮社、2018 年）

▶ Lipset, Seymour Martin. *American Exceptionalism: A Double-Edged Sword*. New York: W. W. Norton, 1995.（シーモア・M・リプセット『アメリカ例外論――日欧とも異質な超大国の論理とは』上坂昇、金重紘訳、明石書店、1999 年）

▶ Marshall, Alfred. *Principles of Economics*. London: Macmillan, 1890.（マーシャル『経済学原理』全四巻、馬場啓之助訳、東洋経済新報社、1965-67 年）

▶ Marx, Karl, and Friedrich Engels. *The German Ideology*, Parts 1 & 2. 1846. Reprint, Mansfield, CT: Martino, 2011.（マルクス、エンゲルス『新編輯版ドイツ・イデオロギー』廣松渉編訳、小林昌人補訳、岩波文庫、2002 年）

▶ Mason, Paul. *Postcapitalism: A Guide to Our Future*. London: Allen Lane, 2015.（ポール・メイソン『ポストキャピタリズム――資本主義以後の世界』佐々とも訳、東洋経済新報社、2017 年）

▶ McCloskey, Deirdre Nansen. *Bourgeois Dignity: Why Economics Can't Explain the Modern World*. Chicago: University of Chicago Press, 2010.

▶ ――. *Bourgeois Equality: How Ideas, Not Capital or Institutions, Enriched the World*. Chicago: University of Chicago Press, 2016.

『侵食される民主主義——内部からの崩壊と専制国家の攻撃』上下巻、市原麻衣子監訳、勁草書房、2022年）

- Donnersmarck, Florian Henckel von. *The Lives of Others* [Das Leben der Anderen]. USA: Sony Pictures, 2007.（フロリアン・ヘンケル・フォン・ドナースマルク監督・脚本『善き人のためのソナタ』ソニー・ピクチャーズエンタテイメント、2010年）
- Engerman, Stanley L., Kenneth L. Sokoloff, Miguel Urquiola, and Daron Acemoglu. "Factor Endowments, Inequality, and Paths of Development among New World Economies." *Economia* 3, no. 1 (Fall 2002): 41–109.
- Freedom House. "Freedom in the World 2019: Democracy in Retreat." https://freedomhouse.org/report/freedom-world/2019/democracy-retreat.
- Friedman, Milton. "The Social Responsibility of Business Is to Increase Its Profits." *New York Times*, September 13, 1970.
- Gardels, Nathan. "Francis Fukuyama: Identity Politics Is Undermining Democracy." *Washington Post*, September 18, 2018. https://www.washingtonpost.com/news/theworldpost/wp/2018/09/18/identity-politics/?utm_term=.f53988371638.
- Giridharadas, Anand. "What Is Identity?" *New York Times*, August 27, 2018. https://www.nytimes.com/2018/08/27/books/review/francis-fukuyama-identity-kwame-anthony-appiah-the-lies-that-bind.html.
- Habermas, Jürgen. *The Structural Transformation of the Public Sphere: An Inquiry into a Category of Bourgeois Society*. 1962. Reprint, Cambridge, MA: Polity, 1989.（ユルゲン・ハーバーマス『公共性の構造転換——市民社会の一カテゴリーについての探究』第二版、細谷貞雄、山田正行訳、未來社、1994年）
- Hamid, Shadi. "The End of the End of History." *Foreign Policy*, November 15, 2016.
- Harrison, Lawrence E., and Samuel P. Huntington. *Culture Matters: How Values Shape Human Progress*. New York: Basic Books, 2000.
- Hirschman, Albert O. *The Passions and the Interests: Political Arguments for Capitalism before Its Triumph*. Princeton, NJ: Princeton University Press, 1977.（アルバート・O・ハーシュマン『情念の政治経済学』新装版、佐々木毅、旦祐介訳、法政大学出版局、2014年）
- Holmes, Stephen, and Ivan Krastev. *The Light That Failed: A Reckoning*. London:

esteri/17_maggio_17/fukuyama-trump-presidente-piu-ignorante-anche-colpa-silicon-valley-0b79 0e26-3a74-11e7-acbd-5fa0e1e5ad68.shtml.

- “What Follows the End of History? Identity Politics.” Interview by Evan Goldstein. *Chronicle of Higher Education*, August 27, 2018. https://www.chronicle.com/article/What-Follows-the-End-of/244369?cid=wcontentgrid_41_2.

その他の文献

- Acemoglu, Daron, and James A. Robinson. *Why Nations Fail: The Origins of Power, Prosperity, and Poverty*. New York: Crown, 2012.（ダロン・アセモグル、ジェイムズ・A・ロビンソン『国家はなぜ衰退するのか――権力・繁栄・貧困の起源』上下巻、鬼澤忍訳、ハヤカワ文庫、2016 年）
- Barrett, Scott. *Why Cooperate? The Incentive to Supply Global Public Goods*. Oxford: Oxford University Press, 2007.
- Coleman, James S. *Foundations of Social Theory*. Cambridge, MA: Belknap Press of Harvard University Press, 1990.（ジェームズ・コールマン『社会理論の基礎』上下巻、久慈利武監訳、青木書店、2004-06 年）
- Collier, Paul. *Exodus: How Migration Is Changing Our World*. Oxford: Oxford University Press, 2013.（ポール・コリアー『エクソダス――移民は世界をどう変えつつあるか』松本裕訳、みすず書房、2019 年）
- ――. *The Future of Capitalism: Facing the New Anxieties*. London: Allen Lane, 2018.（ポール・コリアー『新・資本主義論――「見捨てない社会」を取り戻すために』伊藤真訳、白水社、2020 年）
- Collier, Paul, and Alexander Betts. *Refuge: Rethinking Refugee Policy in a Changing World*. Oxford: Oxford University Press, 2017.
- Creppell, Ingrid. *Toleration and Identity: Foundations in Early Modern Thought*. New York: Routledge, 2003.
- Dalmia, Shika. “Where the West Went Wrong.” *The Week*, October 9, 2018. http://theweek.com/articles/800359/where-west-went-wrong.
- Diamond, Jared. *Guns, Germs and Steel*. New York: Norton, 1997.（ジャレド・ダイアモンド『銃・病原菌・鉄』上下巻、倉骨彰訳、草思社文庫、2012 年）
- Diamond, Larry. *Ill Winds: Saving Democracy from Russian Rage, Chinese Ambition, and American Complacency*. New York: Penguin, 2019.（ラリー・ダイアモンド

- "History's Pallbearer." Interview by Nicholas Wroe. *Guardian*, May 11, 2002. https://www.theguardian.com/books/2002/may/11/academicexperts.artsandhumanities?CMP=share_btn_link.
- "Identity and Its Discontents." Interview by Richard Aldous. *American Interest*, September 19, 2018. Podcast, 29:12. https://www.the-american-interest.com/podcast/episode-202-identity-and-its-discontents/.
- "Identity Politics." Interview with Francis Fukuyama, Josie Rourke, Roseanne Chantiluke, and Eric Kafumann, by Andrew Marr. *BBC Radio 4, Start the Week*, October 15, 2018. Podcast, 42:00. https://www.bbc.co.uk/programmes/m0000qtr.
- "Is America Ready for a Post-American World?" *NPQ* 25, no. 4 (Fall 2008): 42–46. https://doi.org/10.1111/j.1540-5842.2008.01022.x.
- "The Last Man and the Future of History." Interview by Charles Davidson and Jeff Gedmin. *The American Interest*, May 3, 2019. https://www.the-american-interest.com/2019/05/03/the-last-man-and-the-future-of-history/.
- "The Man Who Declared the 'End of History' Fears for Democracy's Future." Interview by Ishaan Tharoor. *Washington Post*, February 9, 2017.
- "Mini-Trumps Are Coming All over Europe." Interview by Jens Münchrath and Anke Rezmer. *Handelsblatt*, December 29, 2017. https://www.handelsblatt.com/today/politics/francis-fukuyama-mini-trumps-are-coming-up-all-over-europe/23573578.html.
- "Modi Is Pretty Impressive, Says Francis Fukuyama." Interview by Tunku Varadarajan. *Open*, May 25, 2017. http://www.openthemagazine.com/article/cover-story/modi-is-pretty-impressive-says-francis-fukuyama.
- "On Why Liberal Democracy Is in Trouble." Interview by Steve Inskeep. *NPR*, April 4, 2017. https://www.npr.org/2017/04/04/522554630/francis-fukuyama-on-why-liberal-democracy-is-in-trouble?t=1595770603615.
- "Protectionism against China Is No Answer to America's Woes." *NPQ* 27, no. 3 (Summer 2010): 28–31. https://doi.org/10.1111/j.1540-5842.2010.01178.x.
- "There Are No Shortcuts to 'the End of History.' " Interview by Nathan Gardels, *NPQ* 23, no. 2 (Spring 2006): 34–38. https://doi.org/10.1111/j.1540-5842.2006.00804.x.
- "Trump è il president più ignorante. Anche per colpa della Silicon Valley." Interview by Massimo Gaggi. *Corriere della sera*, May 3, 2017. https://www.corriere.it/

137-francis-fukuyama-om-korona-kina-og-trump.
- "Francis Fukuyama on COVID-19." Interview by Yascha Mounk. *The Good Fight*, May 27, 2020. Podcast, 58:24. https://podcasts.apple.com/us/podcast/francis-fukuyama-on-covid-19/id1198765424?i=1000475923269.
- "Francis Fukuyama on Democracy, Trump and the US Election." Interview by Mathilde Fasting and Eirik Løkke. *Liberal halvtime*, February 12, 2020. Podcast, 34:01. https://pod.space/liberalhalvtime/ep-110-francis-fukuyama-on-democracy-trump-and-the-us-election.
- "Francis Fukuyama on Identity Politics and Diversity." Interview by Adam Rubenstein. *Weekly Standard*, October 9, 2018. https://www.washingtonexaminer.com/weekly-standard/interview-francis-fukuyama-on-identity-politics-and-diversity.
- "Francis Fukuyama on the Fruits of Dignity Politics." Interview by Tom Jacobs. *Pacific Standard*, October 10, 2018. https://psmag.com/social-justice/francis-fukuyama-on-the-fruits-of-dignity-politics.
- "Francis Fukuyama Says Identity Politics Are Killing America and Empowering Donald Trump." Interview by Nick Gillespiel. *Reason.com*, September 26, 2018. Podcast, 56:10. https://soundcloud.com/reasonmag/francis-fukuyama-says-identity-politics-are-killing-america-and-empowering-donald-trump.
- "Francis Fukuyama, senk farten på inntaket av flyktninger." Interview by Thea Storøy Elnan. *Aftenposten*, October 7, 2015. https://www.aftenposten.no/kultur/i/KG77/Francis-Fukuyama-Senk-farten-pa-inntaket-av-flyktninger.
- "Fukuyama: Donald distrugge tutto Ma gli europei non devono mollare." Interview by Antonello Guerrera, *La Repubblica*, May 29, 2017. https://ricerca.repubblica.it/repubblica/archivio/repubblica/2017/05/29/fukuyama-donald-distrugge-tutto-ma-gli-europei-non-devono-mollare06.html?ref=search.
- "Fukuyama: Populismen peger paa ægte problemer, man har forkerte svar." Interview by Esben Schjørring. *Altinget*, April 6, 2019. https://www.altinget.dk/artikel/184485-fukuyama-populismen-peger-paa-aegte-problemer-men-har-forkerte-svar.
- "Fukuyama: Vesten er traadt inn i en helt ny politisk epoke. Og deter forfærdeligt." Interview by Adrian Joachim. *Information*, September 19, 2016. https://www.information.dk/kultur/2016/09/fukuyama-vesten-traadt-helt-ny-politisk-epoke-forfaerdeligt.

Radio, September 13, 2018. Podcast, 18:32. https://soundcloud.com/theeconomist/the-economist-asks-francis.

- "The 'End of History' 20 Years Later." Dialogue with Kishore Mahbubani. *NPQ* 27, no. 1 (Winter 2010): 7–10. https://doi.org/10.1111/j.1540-5842.2010.01124.x.
- "The End of the International Liberal Order?" *Stanford CDDRL*, May 10, 2017. YouTube, 1:17:47. https://www.youtube.com/watch?v=scAzukYHJjY&utm_content=buffer44ffb&utm_medium=social&utm_source=facebook.com&utm_campaign=buffer&fbclid=IwAR0HPlOAk5i-B20b0vebckSQHf06YPh9pJ6bErO56RqDalu3J3mqIMU4nAo.
- "Filosof: Vi glemmer, at ideer er magt." Interview by Anders Ellebæk Madsen. *Kristeligt Dagblad*, May 13, 2017. https://www.kristeligt-dagblad.dk/kultur/filosof-vi-glemmer-ideer-er-magt.
- "Fiscal Crisis Erodes EU Legitimacy." Interview by Michael Skafidas. *NPQ* 28, no. 3 (Summer 2011): 68–73. https://doi.org/10.1111/j.1540-5842.2011.01273.x.
- "Francis Fukuyama." Interview by David Runciman. *Talking Politics*, October 17, 2018. Podcast, 49:48. https://www.talkingpoliticspodcast.com/blog/2018/120-francis-fukuyama.
- "Francis Fukuyama: Democracy Needs Elites." Interview by Alexander Görlach. *NPQ* 34, no. 2 (May 2017): 9–13. https://doi.org/10.1111/npqu.12075.
- "Francis Fukuyama: Democracy still rules. But will US catch up in a changing world?" Interview by Michael Skafidas. *Christian Science Monitor*, June 8, 2011. https://www.csmonitor.com/Commentary/Global-Viewpoint/2011/0608/Francis-Fukuyama-Democracy-still-rules.-But-will-US-catch-up-in-a-changing-world.
- "Francis Fukuyama: 'If You Don't Have a Sense of National Identity, You Can't Have a Democracy.'" Interview by Vicent Partal. *VilaWeb*, February 2, 2020. https://english.vilaweb.cat/noticies/francis-fukuyama-if-you-dont-have-a-sense-of-national-identity-you-cant-have-a-democracy/.
- "Francis Fukuyama: Trump Instinctively Picks Racial Themes to Drive People on the Left Crazy." Interview by Tim Adams. *Guardian*, September 16, 2018. https://www.theguardian.com/books/2018/sep/16/francis-fukuyama-interview-trump-picks-racial-themes-to-drive-people-on-the-left-crazy.
- "Francis Fukuyama om korona, Kina og Trump." Interview by Mathilde Fasting. *Liberal halvtime*, July 7, 2020. Podcast, 40:28. https://pod.space/liberalhalvtime/ep-

fukuyama/)
- ▶ "US against the World? Trump's America and the New Global Order." *Financial Times*, November 11, 2016.
- ▶ "The US vs the Rest." *NPQ* 19, no. 4 (Fall 2002): 8–24. https://doi.org/10.1111/j.1540-5842.2002.tb00096.x.
- ▶ "What Is Governance?" Center for Global Development, Working paper 314 (January 2013).
- ▶ "What Is Populism?" *American Interest*, November 28, 2017.
- ▶ "What Would a Second Trump Term Do to the Federal Bureaucracy?" *Washington Monthly*, April/May/June 2020. https://washingtonmonthly.com/magazine/april-may-june-2020/what-would-a-second-trump-term-do-to-the-federal-bureaucracy/.
- ▶ "Why Is Democracy Performing So Poorly?" *Journal of Democracy* 26, no. 1 (January 2015): 11–20.
- ▶ "Why National Identity Matters." *Journal of Democracy* 29, no. 4 (October 2018): 5–15.
- ▶ "Why Populism: The Populist Surge." *American Interest*, February 9, 2018.
- ▶ "Why Populist Nationalism Now?" *American Interest*, November 30, 2017.

フランシス・フクヤマのインタビュー

- ▶ "The Beginning of a New History." Interview by Jacques Attali. *NPQ* 31, no. 1 (January 2014): 20–24. https://doi.org/10.1111/npqu.11421.
- ▶ "The Challenge of Positive Freedom." Interview by Nathan Gardels. *NPQ* 24, no. 2 (Spring 2007): 53–56. https://doi.org/10.1111/j.1540-5842.2007.00885.x.
- ▶ "The China Model: A Dialogue between Francis Fukuyama and Zhang Weiwei." *NPQ* 28, no. 4 (Fall 2011): 40–67. https://doi.org /10.1111/j.1540-5842.2011.01287.x.
- ▶ "Democracy and Its Discontents." Interview by Wesley Yang. *Esquire*, October 17, 2018. https://www.esquire.com/news–politics/a23695274/francis-fukuyama-trump-democracy/.
- ▶ "Donald Trump and the Return of Class." Interview by Natalia Koulinka. *Opendemocracy*, January 20, 2017.
- ▶ "The Economist Asks: Francis Fukuyama." Interview by Anne McElvoy. *Economist*

▶ "Reflections on *The End of History*, Five Years On." In *World History: Ideologies, Structures, and Identities*, edited by Philip Pomper, Richard Elphick, and Richard T. Vann, 199–216. Malden, MA: Wiley, 1998.
▶ Schulz, William, Robin Fox, and Francis Fukuyama. "The Ground and Nature of Human Rights." *National Interest*, no. 68 (Summer 2002). https://nationalinterest.org/article/the-ground-and-nature-of-human-rights-another-round-1156.
▶ "Second Thoughts: The End of History 10 Years Later." *NPQ* 16, no. 4 (Fall 1999): 40–42. https://doi.org/10.1111/j.1540-5842.1999.tb00074.x.
▶ "Seymour Martin Lipset 1922–2006." *American Interest*, August 1, 2007. https://www.the-american-interest.com/2007/01/08/seymour-martin-lipset-1922-2006/.
▶ "Social Capital and Civil Society." *IMF Working Paper* 2000, no. 74 (March 2000).
▶ "Social Capital and the Global Economy: A Redrawn Map of the World." *Foreign Affairs*, September/October 1995. https://www.foreignaffairs.com/articles/1995-09-01/social-capital-and-global-economy-redrawn-map-world.（「「歴史の終わり」の後の新世界地図」『フォーリン・アフェアーズ・リポート』1995年10月号、https://www.foreignaffairsj.co.jp/articles/199510_fukuyama/、『中央公論』1995年10月号、351–363頁）
▶ "States and Democracy." *Journal of Democratization* 21, no. 7 (August 2014): 1326–40.
▶ "Statsviternes superstjerne Francis Fukuyama." *Aftenposten*, October 7, 2015. https://www.aftenposten.no/norge/i/4d1nl9/Video-fra-Aftenposten?video=102081.
▶ "The Thing That Determines a Country's Resistance to the Coronavirus." *Atlantic*, March 30, 2020. https://www.theatlantic.com/ideas/archive/2020/03/thing-determines-how-well-countries-respond-coronavirus/609025/?utm_campaign=the-atlantic&utm_content=edit-promo&utm_term=2020-03-30T10%3A30%3A38&utm_source=twitter&utm_medium=social.
▶ "30 Years of World Politics: What Has Changed?" *Journal of Democracy* 31, no. 1 (January 2020): 11–21.
▶ "Transitions to the Rule of Law." *Journal of Democracy* 21, no. 1 (January 2010): 33–44.
▶ "Trump and American Political Decay." *Foreign Affairs*, November 9, 2016.（「トランプ大統領の課題——問われる問題への対応能力」『フォーリン・アフェアーズ・リポート』2016年12月号、https://www.foreignaffairsj.co.jp/theme/201612_

https://www.the-american-interest.com/2018/08/27/huntingtons-legacy/.
- "The End of History?" *National Interest*, no. 16 (Summer 1989): 3–18.
- "The Future of History: Can Liberal Democracies Survive the Decline of the Middle Class?" *Foreign Affairs* 91, no. 1 (January/ February 2012).（「歴史の未来——中間層を支える思想・イデオロギーの構築を」『フォーリン・アフェアーズ・リポート』2012 年 2 月号、https://www.foreignaffairsj.co.jp/articles/201202_fukuyama/）
- "The Heart of Populism Is Identity, Not Race." *Spectator*, October 17, 2018. https://spectator.us/populism-identity/.
- "Identity and the End of History." *American Interest*, August 23, 2018. https://www.the-american-interest.com/2018/08/23/identity-and-the-end-of-history/.
- "Identity, Immigration, and Democracy." *Journal of Democracy* 17, no. 2 (April 2006): 1–17.
- "Identity Politics." Lecture, University of Oslo, Oslo, February 13, 2018.
- "Identity Politics: The Demand for Dignity and the Nation State's Future." Lecture, Vienna, March 3, 2019.
- "Is There a Proper Sequence in Democratic Transitions?" *Current History* 110 (November 2011): 309–10.
- "Liberal Democracy as a Global Phenomenon." *Political Science and Politics* 24, no. 4 (December 1991): 659–64.
- "Liberalism versus State–Building." *Journal of Democracy* 18, no. 3 (July 2007): 10–13.
- Nafisi, Azar, and Francis Fukuyama. "Totalitarianism as a Mindset Can Be Anywhere." *American Interest*, March 22, 2020, https://www.the-american-interest.com/2020/03/22/totalitarianism-as-a-mindset-can-be-anywhere/.
- "The Pandemic and Political Order." *Foreign Affairs*, July/August, 2020, https://www.foreignaffairs.com/articles/world/2020-06-09/pandemic-and-political-order.（「パンデミックと政治——何が対応と結果を分けたのか」『フォーリン・アフェアーズ・リポート』2020 年 7 月号、https://www.foreignaffairsj.co.jp/articles/202007_fukuyama/）
- "Political Consequences of the Protestant Reformation." Parts 1–3, *American Interest*, October 31, 2017; November 2, 2017; and November 11, 2017.
- "Reflections on *The End of History* Five Years Later." *History and Theory* 34, no. 2 (May 1995): 27–43.

▶ *Poverty, Inequality, and Democracy*. Edited by Francis Fukuyama, Larry Diamond, and Marc F. Plattner. Baltimore: Johns Hopkins University Press, 2012.
▶ *State-Building: Governance and World Order in the 21st Century*. Ithaca, NY: Cornell University Press, 2004.
▶ *Trust: The Social Virtues and the Creation of Prosperity*. New York: First Free Press, 1995.（『「信」無くば立たず』加藤寛訳、三笠書房、1996 年）

フランシス・フクヤマによる論文・章

▶ "Acemoglu and Robinson on Why Nations Fail." *American Interest*, March 26, 2012. https://www.the-american-interest.com/2012/03/26/acemoglu-and-robinson-on-why-nations-fail/.
▶ "Against Identity Politics: The New Tribalism and the Crisis of Democracy." *Foreign Affairs*, September/October 2018. https://www.foreignaffairs.com/articles/americas/2018-08-14/against-identity-politics-tribalism-francis-fukuyama.
▶ "America: The Failed State." *Prospect Magazine*, December 13, 2016. https://www.prospectmagazine.co.uk/magazine/america-the-failed-state-donald-trump.
▶ "America in Decay: The Sources of Political Dysfunction." *Foreign Affairs*, September/October 2014. https://www.foreignaffairs.com/articles/united-states/2014-08-18/america-decay.
▶ "American Political Decay or Renewal: The Meaning of the 2016 Election." *Foreign Affairs*, July/August 2016. https://www.foreignaffairs.com/articles/united-states/2016-06-13/american-political-decay-or-renewal.（「2016 年の政治的意味合い――アメリカの政治的衰退か刷新か」『フォーリン・アフェアーズ・リポート』2016 年 7 月号、https://www.foreignaffairsj.co.jp/articles/201607_fukuyama/）
▶ "Capitalism & Democracy: The Missing Link." *Journal of Democracy* 3, no. 3 (July 1992): 100–110.
▶ "China and East Asian Democracy." *Journal of Democracy* 23, no. 1 (January 2012): 14–26.
▶ "Civil Society and Political Society." In *Jean Bethke Elshtain: Politics, Ethics, and Society*. Edited by Debra Erikson and Michael Le Chevallier, 317–31. Notre Dame, IN: University of Notre Dame Press, 2018.
▶ "The Clash at 25: Huntington's Legacy." *American Interest*, August 27, 2018.

り上げ、そのちがい、起源、発展を説明している。最新の著書『IDENTITY——尊厳の欲求と憤りの政治』は2018年に刊行された。ここでフクヤマは『歴史の終わり』での承認をめぐる主張に立ち戻り、それをさらに発展させて現在の政治の展開を説明している。『歴史の終わり』とともに、これら3冊の最新刊にフクヤマのおもな考えが含まれている。

フランシス・フクヤマの著書

▶ *America at the Crossroads: Democracy, Power, and the Neoconservative Legacy*. New Haven, CT: Yale University Press, 2006.（『アメリカの終わり』会田弘継訳、講談社、2006年）

▶ *The End of History and the Last Man*, with a new afterword. 20th anniversary ed. New York: Penguin Books, 2012.（『歴史の終わり』新版、上下巻、渡部昇一訳、三笠書房、2020年）

▶ *Falling Behind: Explaining the Development Gap between Latin America and the United States*. Oxford: Oxford University Press, 2010.

▶ *The Great Disruption: Human Nature and the Reconstitution of Social Order*. London: Profile, 1999.（『「大崩壊」の時代——人間の本質と社会秩序の再構築』上下巻、鈴木主税訳、早川書房、2000年）

▶ *Identity: The Demand for Dignity and the Politics of Resentment*. New York: Farrar, Straus and Giroux, 2018.（『IDENTITY——尊厳の欲求と憤りの政治』山田文訳、朝日新聞出版、2019年）

▶ *Nation-Building: Beyond Afghanistan and Iraq*. Edited by Francis Fukuyama. Baltimore: Johns Hopkins University Press, 2006.

▶ *The Origins of Political Order: From Prehuman Times to the French Revolution*. New York: Farrar, Straus and Giroux, 2011.（『政治の起源——人類以前からフランス革命まで』上下巻、会田弘継訳、講談社、2013年）

▶ *Our Posthuman Future: Consequences of the Biotechnology Revolution*. New York: Farrar, Straus and Giroux, 2002.（『人間の終わり——バイオテクノロジーはなぜ危険か』鈴木淑美訳、ダイヤモンド社、2002年）

▶ *Political Order and Political Decay: From the Industrial Revolution to the Globalization of Democracy*. New York: Farrar, Straus and Giroux, 2014.（『政治の衰退——フランス革命から民主主義の未来へ』上下巻、会田弘継訳、講談社、2018年）

文　献

フクヤマの著作は数が非常に多く、本書のような場で完全にカバーすることはできない。このあとの文献一覧で関連文献の全体像を示すが、ここではフクヤマの主著の概要をおおまかに紹介しておきたい。

1992年に『歴史の終わり』を刊行したのち、フクヤマは数冊の本を書いている。1990年代後半の興味深い2冊の著作では、社会と資本主義の相互関係を検討している。1冊目が1995年に刊行された『「信」無くば立たず』であり、そこではうまく機能している経済体制の社会的条件について論じた。『「信」無くば立たず』は経済成長の歴史を語り、アダム・スミスの思想のなかでも『諸国民の富』よりも『道徳感情論』のほうを強調する。したがってフクヤマのこの本は、技術と経済の進歩だけでなく、観念と価値観についての1冊でもある。2冊目が『「大崩壊」の時代——人間の本質と社会秩序の再構築』（1999年）であり、これは近代化と都市化について語る本である。ここでフクヤマは、現代社会における規範、文化、社会関係の大規模な変化を検討している。その後、2002年に刊行された『人間の終わり——バイオテクノロジーはなぜ危険か』では、バイオテクノロジーの発展を念頭に人間本性の分析をつづけている。

その後フクヤマは、2004年の『国家建設——21世紀のガバナンスと世界秩序』（*State-Building: Governance and World Order in the 21st Century*. 未邦訳）を皮切りに、民主主義、国家の能力、国家建設の構造的条件に目を向けるようになる。やがて国家と官僚制の質と能力が、フクヤマにとってさらに重要になっていく。2年後、かつての政治的信条と袂を分かつ『アメリカの終わり』を刊行した。アメリカ外交政策、とりわけイラクでの過ちを説明することがフクヤマには必要だった。2010年には『後れをとる——南アメリカとアメリカの発展の格差を説明する』（*Falling Behind: Explaining the Development Gap between Latin America and the United States*. 未邦訳）を刊行する。フクヤマは南アメリカ諸国に目を向け、そこでの政治の欠点を研究して、南アメリカがアメリカと異なる理由を分析していたのである。

翌2011年には政治秩序についての著作の1冊目、『政治の起源——人類以前からフランス革命まで』が、その3年後には『政治の衰退——フランス革命から民主主義の未来へ』が出版される。この2冊では、世界で最も強力な国ぐにを取

著作・論文・雑誌

［ま行］

［や行／ら行］

［さ行］

[か行]

事項

[た行／な行]

[は行]

[ま行]

索　引

＊当該項目を章全体で論じている場合は、その章全体のノンブルをイタリック体で示した。

人名

著者

フランシス・フクヤマ

(Francis Fukuyama)

1952年、アメリカ生まれ。アメリカの政治学者。スタンフォード大学の「民主主義・開発・法の支配研究センター」を運営。ジョンズ・ホプキンズ大学やジョージ・メイソン大学でも教えた。著書『歴史の終わり』(三笠書房、1992年)は世界的なベストセラーとなった。著書に、『「大崩壊」の時代』(早川書房、2000年)、『アメリカの終わり』(講談社、2006年)、『政治の起源』(講談社、2013年)、『政治の衰退』(2018年)、『IDENTITY』(朝日新聞出版、2019年)などがある。

聞き手

マチルデ・ファスティング

(Mathilde Fasting)

ノルウェーで最も影響力のあるシンクタンクの1つであるキウィタのプロジェクトマネージャー兼フェロー。ノルウェーのパイオニアエコノミスト。ノルウェー経済高等学院で経済学の修士号、オスロ大学で思想史の学士号および修士号、ドイツのエアフルト大学で経済思想史の博士号を取得。著書に、Torkel Aschehoug and Norwegian Historical Economic Thought: Reconsidering a Forgotten Norwegian Pioneer Economist, 2013など。

訳者

山田文

(やまだ・ふみ)

翻訳家。イギリスの大学・大学院で西洋社会政治思想を学んだのち、書籍翻訳に携わる。訳書に、『IDENTITY』(F・フクヤマ、朝日新聞出版、2019年)、『コロナ・ショックは世界をどう変えるか――政治・経済・社会を襲う危機』(I・クラステフ、中央公論新社、2020年)などがある。

「歴史の終わり」の後で

2022年5月25日　初版発行

著　者　フランシス・フクヤマ
編　者　マチルデ・ファスティング
訳　者　山　田　文
発行者　松田陽三
発行所　中央公論新社
〒100-8152　東京都千代田区大手町1-7-1
電話　販売 03-5299-1730　編集 03-5299-1740
URL https://www.chuko.co.jp/

印　刷　図書印刷
製　本　大口製本印刷

Published by CHUOKORON-SHINSHA, INC.
Printed in Japan　ISBN978-4-12-005535-5 C0030

定価はカバーに表示してあります。
落丁本・乱丁本はお手数ですが小社販売部宛にお送り下さい。
送料小社負担にてお取り替えいたします。